너를 미워할 시간에 나를 사랑하기로 했다

윤서진 지음

너를 미워할 시간에

관계에 휘둘리지 않고 나를 지키는 방법

나를 사랑하기로 했다

스몰빅라이프

내가 나를 사랑해야
남도 나를 사랑해준다

나에 대한 자신감을 잃으면
온 세상이 나의 적이 된다

– 랄프 왈도 에머슨 –

"서진아, 재미있게 살아라!"

올해 102세를 맞이하신 할머니는 저에게 항상 당부하십니다. 긴 삶의 여정을 마무리하며 손녀에게 전하는 할머니의 말씀이라기엔 너무도 단순해서 처음에는 대수롭지 않게 여겼습니다. 하지만 시간이 지날수록 할머니의 말씀이 가슴을 콕콕 찔렀습니다. "재밌게 살고 있어!"라고 자신 있게 답할 수 없을 것 같았거든요.

명쾌하면서도 오래 숙성된 지혜가 담긴 할머니의 말씀은, 사회생활을 하며 사람들에게 더 사랑받고, 덜 미움받기 위해 고군분투하느라 정작 내 마음의 안녕은 살피지 못했던 저 스스로를 되돌아보게 했습니다. 당신은 어떤가요? 남의 눈치 보지 않으며 재미있게 살고 있나요?

'사람의 모든 스트레스는 사람에게서 온다'라고 말해도 과언이 아닐 만큼 인간관계는 우리 인생의 핵심 스트레스입니다. 새로운 사람을 만나고, 숨만 쉬어도 어색했던 그와 점차 가까워지고, 힘든 일을 나누는 사이가 되고, 그러다 갈등이 생기고, '좋은 게 좋은 거지'라는 마음으로 다시 화해했다가, '그래도 이건 아니지!' 하며 더 크게 싸웠다가… 마치 인생의 뫼비우스 띠 위에서 마감 기한 없이 걷는 형벌을 받는 것 같기도 합니다.

그런데 그런 사람도 있습니다. 인간관계에 문제가 생겨도 '쿨'하게 넘어가는 사람 말입니다. 이들은 가까운 사람과 의견 차이가 발생하면 '그러려니' 하며 받아들이고, 누군가가 무례한 말을 하면 "그러지 마세요"라고 단호히 말한 뒤 아무 일도 없었다는 듯 다시 자신의 삶에 집중합니다.

상대의 사소한 말에도 속에서 화르륵 열이 오르고, 혹시 상대가 나를 나쁘게 보진 않을까 걱정하며 하고 싶은 말을 삼키기 일쑤인 우리의 입장에서 보면 마치 대단한 진리를 깨달은 현

자처럼 보이기도 하지요. 어떤 이유로 그들은 사람에게 스트레스받지 않을 수 있는 것일까요? 그들의 마음은 날 때부터 바위처럼 단단해서, 혹은 그들이 인간관계에 전혀 미련을 갖지 않는 냉혈한이라서 그렇게나 덤덤할 수 있는 것일까요?

그런 '쿨'한 사람들의 이야기를 들어보면 놀라운 사실을 하나 알 수 있습니다. 인간관계에 별 관심이 없을 것이라는 우리의 예상과 달리, 그들이 누구보다 인간관계에 최선을 다한다는 사실입니다. 오히려 관계에 대해 더욱 깊이 생각하지요. 그들의 멘탈 비결은 생각보다 단순합니다. 바로, 인간관계에 문제가 생겼을 때 '남'을 탓하기 전에 '나'의 마음부터 들여다보는 것입니다.

'저 사람이 나에게 상처를 줬는데 왜 내가 내 마음을 들여다보아야 하나요?'라는 의문이 들 수도 있을 것 같습니다. 상처받은 건 나인데 남 탓도 하지 말라니, 억울한 마음이 들기도 하지요. 그런 여러분께 명실상부 대한민국의 대표 MC 신동엽 씨의 말을 소개해드리고 싶습니다. 신동엽 씨는 최근 유튜브 채널을 통해 대중에게 그동안 그가 살아오면서 느꼈던 인생 메시지들을 전달하고 있는데요. 좋은 인간관계에 관해 이런 말을 남겼습니다.

"사람들은 좋은 인연을 만나고 싶을 때 이런 질문을 해요. '어떤 사람을 만나야 행복할까요?' '어떤 사람이 좋은 사람인가요?' '어떤 사람을 피해야 하나요?' 그런데 저는 이 질문들이 모두 잘못됐다고 생각합니다. 왜냐하면 좋은 관계에서 중요한 건 '남'을 아는 것이 아니라 '나'를 아는 것이거든요. 좋은 관계를 맺고 싶다면 내가 어떤 사람인지를 먼저 알아야 해요."

우리가 인간관계에서 문제를 겪을 때 자주 하는 실수는 '상대'에게 집중하느라 정작 '나'를 놓친다는 것입니다. 상대의 말과 행동이 무례하게 선을 넘는다고 느꼈다면 '왜 그 사람은 적당한 거리를 지키지 않는가'에 대해 고민할 것이 아니라 '나는 타인과 어느 정도의 거리를 유지하는 걸 편하게 느끼는 사람인가'를 먼저 고민해보아야 합니다. 상대의 특정한 말이 유독 뾰족하게 들렸다면 '왜 그 사람은 나에게 그런 말을 했는가'를 따져볼 것이 아니라 '나는 어떤 말에 특히 예민하게 반응하는 사람인가'를 먼저 생각해보아야 합니다. 그래야만 인간관계의 본질적인 문제를 해결할 수 있습니다.

요컨대 우리는 인간관계에서 '나'를 주어로 두어야 합니다. '왜 너는 나에게 이런 말을 해?', '왜 너는 내 마음을 몰라줘?'라는 질문처럼 주어를 '너'로 상정하고 상대의 마음만 들여다보면,

정작 내 마음을 보지 못합니다. 그러면 문제는 누구를 만나든 동일한 패턴으로 반복됩니다. 분명 새로운 사람을 만났는데 똑같은 흐름으로 관계가 무너지는 것입니다. 새롭게 만난 사람이 아무리 다정하게 대해줘도 그의 진의를 의심하게 되고, 반대로 나에게 상처를 줘도 '나는 그럴 만한 사람'이라는 무력감에 갇히기도 합니다. 모두 내가 내 마음을 제대로 알지 못하기 때문에 발생하는 문제입니다.

아무리 괜찮아 보이는 사람이라도 모두에게 100점인 사람은 없습니다. 누군가에겐 첫 만남에서부터 가볍게 장난치며 친근하게 다가와 주는 사람이 좋은 사람일 수 있지만, 누군가에겐 정중하게 거리를 지키며 천천히 다가오는 사람이 좋은 사람일 수 있습니다.

그렇다면 내가 어떤 관계를 더 편하게 느끼는지를 아는 것이 좋은 관계의 출발점입니다. 우리는 마음에 들지 않는 상대를 미워하기 전에 먼저 상처받은 내 마음을 들여다보고 이해해야 합니다. 내 곁에 있는 사람이 나에게 맞춰 주길 기다릴 시간에 나와 잘 맞는 사람을 적극적으로 솎아내는 일에, 그리고 상대에게 나를 솔직하게 전달하는 일에 집중해야 합니다. 그러면 인간관계는 자연스럽게 개선됩니다.

다시 처음으로 돌아가 보겠습니다. 이 글을 시작할 때 우리는 인간관계에 '쿨'한 사람을 부러워했었지요. 이제 우리도 그들처럼 쿨해질 시간입니다. 이 책을 읽으며 '내가 어떤 관계에서 불편을 느꼈는지', '왜 상대의 행동이 나에게 상처가 되었는지', '내 마음을 지키기 위해 인생에서 멀리해야 할 사람은 어떤 사람인지' 등을 함께 고민하며 내 마음을 공부해보시길 바랍니다. 그러면 여러분도 인간관계의 고수가 될 수 있습니다.

다시 말하지만, 나를 안다는 건 나의 약점을 이해하고 나에게 맞는 관계의 기준을 세우는 일입니다. 자신의 호불호를 잘 알고 그 경계선이 분명한 사람은 타인에게 쉽게 휘둘리지 않습니다. 내가 어떤 상황에서 기쁨을 느끼고, 슬픔을 느끼고, 당황스러움을 느끼고, 서운함을 느끼는지 안다는 건 관계에 있어서 무척 강력한 무기입니다. 내가 예민하게 느끼는 부분을 미리 인지하고 있으면 상대의 말에 '욱'하기 전에 한 번 제동을 걸어 덜 과격하게 반응할 수 있고, 나아가 상대에게 '이런 부분은 조심해줘'라고 미리 일러둘 수도 있겠지요. 이를 통해 스트레스받지 않아도 될 일에 쓸데없이 힘 빼지 않을 수 있습니다.

이 책은 인간관계에 대한 책입니다. 그러나 상대의 마음을 독심술처럼 읽는 방법을 알려주지는 않습니다. 그 대신 관계를 대하는 '내 마음'을 이해하고, 인정하는 방법을 안내합니다. 그리고 서로를 위해 건강하게 노력하는 방법을 알려줍니다. 인간관계는 결코 일방통행이 아니기 때문입니다. 고백컨대 인간관계 코칭 전문가인 저에게도 '나를 온전하고 솔직하게 마주하는 과정'은 쉽지 않습니다. 하지만 관계에 여전히 서투른 나를 인정하고 보듬으며 서서히 내 마음에 집중하는 시간을 가져야만, 긴 인생을 마음 편히 살아갈 수 있습니다. 시간이 지날수록 진정한 나를 알아가는 즐거움도 느낄 수 있고요.

저는 이 책의 원고를 탈고하며 왈칵 울음을 터뜨렸습니다. 제가 흘린 눈물에는 글을 쓰는 내내 용기 내어 스스로를 돌아본 제 자신에 대한 격려와 지난 관계가 남긴 응어리에서 비로소 해방되었다는 홀가분함이 녹아 있었습니다. 당신도 이 책을 통해 저와 같은 마음의 해방감을 느낄 수 있기를, 진심으로 응원합니다.

마지막으로 이 책의 사용법을 소개하겠습니다. 사용법은 무척 간단합니다. 남들과 적당히 어울리며 살아가기 위해 소홀히 대했던 '내 마음'을 알아주고, 달래주고, 성장시켜 보면 됩니다. 사람을 사귀기 위해 나를 검열하거나, 나와 맞지 않는 상대를 탓하는 것이 아닌, 나의 행복을 위해 주변 관계를 정돈하는 삶을 살 수 있게 되기를, 내 마음을 미움이 아닌 사랑으로 채울 수 있게 되기를 진심으로 바랍니다. 그리고 꼭 기억하세요. '그저 재미있게 살라'라는 저희 할머니 말씀처럼, 나를 아끼는 사람들 역시 나의 행복만을 바란다는 사실을요.

책을 쓰는 여정을 기꺼이 즐길 수 있도록 무한한 영감을 주며 곁을 지켜준 남편 정상훈에게 깊은 존경과 사랑을 전합니다. 세상에서 나의 행복을 가장 바라는 두 사람, 윤완구, 사재권! 당신들께서 내게 선물한 이 귀한 삶을 덜 애쓰면서도, 더 명랑하게 살아갈 것을 약속합니다.

차례

1장

만남은 인연이고
관계는 노력이다

혼자 잘해주고
혼자 상처받지 마라

항상 내가 먼저 연락해야만 안부 인사를 나눌 수 있는 친구가 있지요. 원래 사람들한테 먼저 연락을 안 한다던 그의 성격을 이해하려고도 했고, 친구 사이니까 대수롭지 않게 여기려 노력도 해보았을 겁니다. 하지만 매번 만남을 위해 나홀로 쏟는 정성과 내 연락을 당연한 듯 여기는 친구의 태도가 지속되면 결국 관계는 멀어집니다.

이처럼 함께 있어도 왠지 남처럼 느껴지는 관계의 특징은 한 사람이 관계 유지를 위해 더 많은 관심을 쏟는다는 것입니다. 집안일과 같은 신체적 활동부터 정신적, 경제적 상황까지, 관계에서 분담해야 할 대부분의 책임을 한 사람이 짊어지고 있는 것이지요. 처음에는 자발적이었던 애정과 관심도 불공평한 상황이 지속되고 반복되면 결국은 분노와 좌절로 변해, 몸도 마음도 지쳐 버립니다.

만약 어떤 관계에서 '왜 항상 나만 애써야 하지?'라는 생각이 자주 든다면, 두 사람이 함께 시소에 앉은 모습을 한번 상상해보세요. 두 사람이 올라탄 시소는 어떤 모습을 하고 있나요? 혹시 한쪽으로만 기울어져 있지는 않나요? 어린 시절, 나보다 훨씬 덩치가 좋은 아이들과 시소를 타면 재미가 없었을 것입니다. 내가 아무리 애써도 친구의 무게 때문에 시소가 오르락내리락하지 않았을 테니까요. 바람직한 관계는 균형이 잘 잡힌 시소와 같습니다. 무게 중심이 균형 있게 잡혀 서로 오르락내리락할 수 있어야 진정한 재미를 느낄 수 있는 것이지요. 기울어진 관계의 운동장을 바로잡기 위해 우리는 무엇을 해야 할까요?

일방통행의 신호를 확인하라

처음부터 의도적으로 기울어져 시작하는 관계는 거의 없습니다. 보통 시간이 지나며 관계의 무게 중심이 서서히 한 사람에게 더 치우치게 됩니다. 관계에도 관성이 있어, 한번 기울어진 관계는 다시 균형을 되찾기 어렵습니다. 따라서 균형 있는 관계를 유지하기 위해서는 균형이 깨지고 있다는 위험을 알려주는 일상의 신호를 미리 잘 포착하는 것이 중요합니다.

무엇을 물어보든 "그냥 너 편한 대로 해"라고 답하는 사람들이 있습니다. 이 말에 힘이 빠졌던 적이 있다면, 아주 당연한 겁니다. 이는 계획을 세우는 일이나 중요한 의사결정을 온전히 나에게 떠넘겨 버리는 무책임한 말이기 때문이지요. 비슷한 예로 미리 공유한 일정이나 요청에 대해서 "앗 깜빡했어!"라고 답하는 상대의 반응이 익숙하다면, 그가 평소 나의 이야기를 귀 담아듣지 않았다는 증거입니다. 나 혼자만의 대화를 하며 기울어진 관계를 맺어 왔던 것이지요.

내가 상대의 보호자나 대변인이 된 느낌을 받는 것도 관계의 균형이 무너지고 있다는 신호입니다. 커플 모임 참석을 거절한 상대를 대신해서 지인들에게, "너무 바빠서 같이 못 왔어"라며 그를 위한 변명을 하는 것처럼 말입니다.

배우자가 '룸메이트'로만 느껴진다는 부부처럼 상대가 자신의 일과 취미 생활에만 몰두해, 나와는 깊고 의미 있는 시간을 함께 보내지 않는 것도 일방적인 관계로 가는 신호입니다.

서로를 위해 쓰는 시간뿐만 아니라 서로에게 투자하는 비용도 관계의 균형 유지에 매우 중요합니다. 데이트 비용을 항상 나 혼자 부담하게 하는 애인, 경조사에 늘 받기만 하고 돌려주지는 않는 친구, 일방적으로 한 사람에게 경제적 짐을 다 넘기는 가족 등이 주변에서 쉽게 볼 수 있는 그 예이지요.

갈등이 생겼을 때도 관계의 불균형은 여실히 드러납니다. 불균형한 관계에서는, 한 사람은 문제를 해결하기 위해 노심초사하며 대화를 제안하는 반면, 다른 한 사람은 문제를 대수롭지 않게 여기거나 "나중에 하자"며 진지한 이야기를 피합니다. 결국에는 관계 회복을 위해 내 잘못이 아닌 일에도 내가 미안하다는 사과를 먼저 하게 됩니다. 또한 갈등을 해결하기 위해 상대를 어린아이처럼 달래는 일에 익숙해졌다면, 내가 지금 일방적인 관계에 놓여 있다는 증거입니다.

생색내는 것도 기술이다

결혼 관찰 예능에 출연한 맞벌이 부부의 이야기입니다. 밤새 일하느라 지친 아내에게 남편은 자신의 건강 검진 예약, 세금 납부 등을 지시하고 출근합니다. 아내는 체념한 듯 요청 사항을 서둘러 처리한 후 남편에게 알렸지만, 그에게서 "고맙다"는 말 한마디 돌아오지 않아 크게 상심하지요. 그 모습을 지켜보던 패널들은 남편이 아내를 비서 취급한다며 나무랐지만, 그는 태연자약하게 말했습니다.

"아내가 스스로 좋아서 하는 것뿐이에요!"

그 말을 듣고 아내는 기가 차서 말했습니다.

"절대 내가 좋아서 하는 일이 아니에요!"

왜 남편은 이런 착각에 빠진 것일까요? 남편의 무신경함도 물론 중요한 이유 중 하나겠지만, 아내가 자신이 남편을 위해 무엇을 헌신하고, 양보하고 있는지 남편에게 분명히 이야기하지 않았던 것도 하나의 이유가 될 수 있습니다. 우리는 가까운 사이일수록 상대를 배려하기 위해, 원만한 관계를 위해 내가 인내하는 것들을 굳이 드러내려 하지 않습니다. 대가 없이 한 행동이 괜히 '생색'을 내는 것으로 비춰 진정성을 의심받을까 염려스럽기 때문입니다.

하지만 막상 상대가 고맙다는 말 한마디 없이 내 호의를 당연하게 생각하면 서운하고 불편해집니다. 차라리 미리 생색이라도 냈다면 상대도 내가 어떤 노력을 하고 있는지 알게 되고, 예의상 고맙다는 말이라도 한 번 더 건넸을지 모르니, 가까운 관계에서도 종종 생색내기가 필요합니다.

단, 생색내기에도 기술이 필요합니다. "당신이 부탁한 것 다 처리하느라 피곤해 죽겠네!"라고 원망하듯 말하면 상대는 내가 자신을 비난한다는 생각에 고마움을 느끼지 못할 것입니다. 원망을 드러내기보다는 "내가 오늘 당신을 도울 수 있어서 다행이야"라고 센스 있게 돌려 말해보세요. 부드러운 말이 나와 상대를 모두 기분 좋게 만들어 줄 테니까요.

나를 인생의 0순위로 선택하라

혹 친구에게서 오랜만에 얼굴이나 한번 보자는 연락을 받았을 때 애인의 일정부터 확인하고 나서야 약속 시간을 정하게 되나요? 메뉴를 고를 때 "네가 먹고 싶은 거 먹어. 난 다 좋아"라고 말하며 다른 사람들의 선호를 따르고 있나요? 약속 장소나 시간을 정할 때도 늘 상대의 동선과 시간을 우선시하고, 내 일정을 조정하면서까지 상대에게 맞추고 있지는 않나요? 아무리 피곤해도 친구나 가족의 연락에는 즉각 응답하고 있지는 않나요?

이는 모두 다른 사람과의 관계 유지를 위해 나 자신을 후순위로 놓고 있다는 신호입니다. 늘 나만 상대를 위하는 것 같아 생긴 서운함을 하소연하기 전에, 나의 우선순위를 먼저 점검해보세요. 타인에 대한 배려와 양보라는 미덕을 실천하느라 정작 상대에게 나를 우선시할 기회를 주지 않았는지도 모릅니다.

관계의 균형을 유지하기 위해서는 내 자신이 0순위가 되어야 합니다. 여기에서 0순위란 모든 일을 내 마음대로만 해야 한다는 것을 의미하지는 않습니다. 나에게 소중한 것들을 모른 척 지나치지 않고 존중해야, 다른 사람과의 상호 작용도 수월해질 수 있다는 뜻입니다.

바쁜 애인과의 데이트를 위해 일정을 막연히 비워 두기보다는 다른 계획을 미리 세운 후 애인과의 일정을 조정해도 충분합니다. 친구들과 모임 장소를 논의할 때 역시 나의 이동시간이나 에너지를 고려해 중간 지점을 제안할 수도 있고요. 방해받고 싶지 않은 시간에는 잠시 전화기를 무음으로 해 두거나, 연락 가능한 일정을 미리 상대에게 알려 두면 오롯이 내 시간에 몰입할 수 있겠지요.

내가 상대에게 바라는 점이나 관계에서 기대하는 것들을 미리 공유해 두는 것도 좋은 방법입니다. 그동안 커플 기념일을 나홀로 챙겨 왔다면 이제는 애인에게 내가 기념일에 그와 무엇을 함께하고 싶은지 먼저 알려주고, 그가 챙겼으면 하는 것들을 미리 일러두는 것이지요.

서로 주거니 받거니 대화를 이어갈 때 '티키타카'가 잘 된다고 하지요. 티키타카tiqui-taca는 스페인어로 탁구공이 왔다 갔다 하는 모습을 뜻한다고 합니다. 나 혼자만 애쓰는 관계는 혼자 공을 치는 것과 같습니다. 좋은 관계란 나와 네가 함께 공을 치고, 받아야만 이루어질 수 있는 것이지요. 주고받는 말을 넘어 감정과 애정까지도 티키타카가 잘될 때 관계의 건강한 균형이 유지된다는 사실을 잊지 마세요.

기댈 줄 아는 사람이
더 강하다

결혼식을 하루 앞둔 남자가 예비 신부에게 '네가 싫다'며 파혼을 선언하고 떠났습니다. 예비 신부의 마음에는 그를 사랑했던 만큼의 아주 깊은 상처가 남았지요. 시간이 지난 후 돌연 여자와의 재회를 바라며 나타난 남자는 그녀에게 뒤늦게 그때의 속사정을 전합니다. 당시 남자는 사업 실패로 구속당했고, 결혼 후 여자 홀로 그 버거운 상황을 감당하게 하고 싶지 않아 거짓말을 했다고요.

이별 후 괴로운 날들을 보내야만 했던 여자는 재회를 거절하며 남자에게 이렇게 말했습니다. "부담은 주기 싫은데 상처는 주는 게 사랑이니?" 드라마 〈또 오해영〉의 한 장면입니다. 이처럼 많은 사람들은 가까운 관계일수록 상대에게 부담을 주고 싶지 않아서 애를 쓰고, 그 탓에 오히려 상처를 주곤 합니다.

부모는 자식들에게 짐이 되는 것이 싫어서 아픈 것을 숨기고, 직장인은 다른 동료의 도움이 필요할 때 그에게 성가신 존재가 될까 봐 괜찮은 척 거절합니다. 또 우리는 연인이나 친구를 걱정시키고 싶지 않은 마음에 문제가 생겨도 해결될 때까지 함구하기도 합니다.

이처럼 '부담을 주기 싫다'는 말에는 내 존재가 타인에게 불편하거나 번거롭게 느껴질까 두려운 마음이 숨어 있습니다. 하지만 안타깝게도 상대에게 부담을 주지 않기 위해 했던 나의 행동과 말이 오히려 상대를 서운하게 하거나 상처를 주기도 하고, 때로는 무관심과 무시라는 오해를 만들어 관계에 벽을 세우기도 합니다. 다른 사람에게 부담 주지 않는 선에서 적절히 기대며 살아가려면 어떻게 해야 할까요?

오래된 과거에 답이 숨어 있다

아내와 상의도 없이 대출을 한 남편의 사연을 TV로 본 적이 있습니다. 심리 전문가가 왜 아내와의 상의 없이 대출을 결정했냐고 묻자, 남편은 아내에게 부담을 주기 싫어 모두 혼자 결정했다는 그의 속마음을 털어놓았습니다. 그런 그에게 '표현하지 않으면 모른다'고 전문가가 지적하자, 그는 어린 시절 발음이 좋지 않아 놀림을 많이 당해 말수가 줄었고, 엄한 아버지에게 이유도 없이 혼났던 성장 배경 때문에 혼자서 생각하고 결정하는 것이 익숙하다고 고백하더군요. 가족에게도 제대로 의지해본 적 없는 어린 시절을 겪으며 성장한 탓에, 그는 성인이 되어서도 남에게 감정을 솔직하게 전달하거나 건강하게 도움을 요청하는 방법을 알지 못했던 것입니다.

이처럼 우리는 자신의 성장 과정이나 과거 관계를 돌아보고 인정함으로써 타인의 도움을 구해야 하는 상황에서 느끼는 부담감을 극복할 수 있습니다. 내 안에서 나를 짓누르는 부담스러운 느낌이 어디서 오는지 알고 나면, 근본적인 나의 두려움을 이해하고 이에 대처할 수 있으니까요.

예를 들어 한 집안의 가장, 장남, 장녀와 같은 역할에 충실한 사람들은 모든 것을 스스로 책임져야 한다는 의무감에 휩싸입니다. 따라서 타인에게 정서적인 도움을 요청하는 일에 불편함을 많이 느낄 수 있지요. 또한 실패, 실연, 괴롭힘과 같은 부정적인 경험이 누적된 사람도 자신을 '부족한 사람'으로 인식하기 때문에 도움을 요청하기 어려워합니다. 이런 성장 과정을 인정하고 나면, 부담감을 내려놓는 데 큰 도움이 되겠지요.

그리고 자신의 감정보다 타인의 감정을 우선하는 사람일수록 자신의 삶에서 겪고 있는 고통과 부정적인 감정, 사건을 부인하며 감추려 하고, 그 결과 적절한 도움을 받지 못합니다. 내

너를 미워할 시간에 나를 사랑하기로 했다

가 상대를 걱정하게 하거나 성가시게 하면 그와 사이가 멀어지거나 그에게 거절당할까 봐 두려운 마음이 잠재되어 있기 때문입니다. 따라서 부담감으로부터 자유로워지기 위해서는 타인을 배려하려는 마음을 잠시 내려놓고, 나의 감정도 함께 들여다보는 연습이 필요합니다.

기꺼이 도울 수 있는 기회를 제공하라

오랜만에 만난 절친한 후배가 저의 안색이 좋지 않다며 걱정했습니다. 후배의 걱정처럼 당시 저는 가족과의 갈등으로 마음이 심란한 상태였지만, 애써 후배에게 내색하지 않으려 서둘러 그의 안부를 물었지요. 그러자 후배는 "누나는 힘들 때마다 나를 챙겨주면서 나에게는 누나 고민을 들을 기회조차 주지 않아요?"라며 서운함을 표현해 무척 당황스러웠습니다.

돌이켜보니 저는 마음이 답답할 때면 후배에게 먼저 연락해서 조언을 듣거나 위로도 받고 싶었지만, 그렇게 하지 못했습니다. 선배로서 약한 모습을 보이는 것이 두려워서가 아니라, 후배에게 부담을 주고 싶지 않았기 때문이었습니다. 가까운 관계일수록 힘든 감정을 나누지 못하는 이들의 마음도 마찬가지입니다. 나로 인해 상대가 자신의 시간, 마음, 에너지를 쓰는 것이 미안하기도 하고, 혹여나 나의 부정적인 기운이 상대에게 전염될까 봐 나에게 상대가 필요한 순간에 스스로 거리를 두게 됩니다. 결국 내 안의 부담감에서 시작된 타인을 향한 과한 배려로 관계에서의 고립을 자처하고, 상대가 나를 챙길 기회조차 주지 않는 것이지요.

가족, 친구, 애인처럼 가까운 이들에게 의지하고 싶어도 짐이 될까 봐 주저하게 될 때는 '그가 지금 나와 같은 상황에 처해 있다면, 나는 어떻게 해줄까?'라는 질문을 스스로에게 던지며 입장을 바꿔 생각해보세요. 애정과 믿음이 있는 사이라면 기꺼이 서로를 위해 시간을 내고, 마음을 담아 도와주기 위해 애쓸 것입니다.

과거에 내가 상대에게 힘이 되어 주었던 순간을 떠올려 보는 것도 타인에게 기대고자 하는 마음을 가볍게 할 수 있습니다. 내가 준 만큼 똑같이 돌려받으라는 의미가 아닙니다. 건강한 관계는 균형 있게 서로가 서로를 돌보고 응원하는 호혜성을 유지할 때 지속될 수 있다는 뜻입니다. 상대에게 힘이 되는 존재가 되고 싶다면, 나 역시 그 사람에게 도움의 손길을 요청할 수 있어야 함을 기억하세요.

부담주고 싶지 않다면 똑똑하게 요청하라

'당신이 힘들 때 편히 마음을 나눌 수 있는 사람은 누구인가요?' 상대에게 짐이 될까 봐 혼자 감당하는 습관을 깨기 위해 가장 먼저 할 일은 오롯이 내 이야기를 들어주고, 함께 고민해줄 수 있는 사람들을 떠올려 보는 겁니다. 이때, 내 감정의 옳고 그름을 판단해줄 사람보다는 진정으로 나의 입장이 되어 마음을 나눌 수 있는 믿음직한 사람을 선택해야 합니다.

그리고 '나는 그 사람에게 무엇을 바라고 있지?'라는 질문에 대한 답을 찾아보세요. 정서적으로 힘이 드는 상황이라면 단지 상대가 내 하소연을 들어주기를 바랄 수도 있고, 함께 시간을 보내며 상대로부터 위로받는 것으로 충분할 수도 있어요. 반면 중요한 의사결정이 필요한 일이라면 다른 관점에서의 조언이 필요하겠지요. 이직 같은 고민이 있을 때는 상대에게 새로운 기회의 추천이나 도움이 되는 사람과의 연결 등을 기대할 수도 있겠고요.

내가 상대로부터 어떤 도움을 받고자 하는지 알았다면, 그다음에는 상대에게 구체적으로 요청할 차례입니다. 새로운 연애를 시작하지 못해서 답답하다면 친구에게 한탄만 하기보다는 "좋은 사람 있으면 소개해줘"라고 부탁할 수 있습니다. 또 위로가 듣고 싶을 때는 "오늘은 그냥 내 편에서 내 이야기만 들어줘"라고 명확하게 나의 바람을 전달하거나 "만약 너라면 나 같은 상황에서 어떻게 할 거야?"라고 물음으로써 상대의 조언을 구할 수도 있겠지요.

내가 상대에게 바라는 점을 명확하게 전해야만 상대도 무엇을, 어떻게 도와줄지 판단할 수 있기 때문에 부담감이 줄어듭니다. 또한 아무 때나 나의 이야기를 털어놓기보다는 "나 심란한 일이 있어서 조언을 구하고 싶은데 언제 시간 괜찮아?"라고 먼저 물어서 상대가 편한 시간에 이야기하는 센스도 필요해요.

그리고 이야기를 마칠 때는 "내가 괜히 무거운 얘기해서 미안해"라고 사과하지 마세요. 내 감정이 타인에게 어떤 영향을 미쳤는지 내가 섣불리 단정할 필요는 없습니다. 대신에 "내 이야기 잘 들어줘서 고마워. 조언 잘 생각해볼게"라는 감사의 말을 남긴다면, 상대에게 나의 마음이 충분히 전달될 겁니다.

너를 미워할 시간에 나를 사랑하기로 했다

내향인의 인간관계
vs 외향인의 인간관계

취업 준비생 성훈 씨는 자신의 MBTIMyers-Briggs Type Indicator 결과를 기술하라는 자기소개서 항목에 내향형 I인 자신의 MBTI를 외향형 E로 바꿔 적어야 할지 고민했습니다. 자신을 내향형이라고 밝히면 수줍음이 많고, 사람들과 잘 어울리지 못하는 사람처럼 보여 조직에서 선호하지 않을 것 같다고 생각했기 때문입니다.

많은 이들이 내향적인 사람은 사회적 상호 작용을 즐기지 않고, 사람을 대하는 일에 서투르다는 오해를 합니다. 내향적인 사람 본인은 심지어 자신의 내향성 때문에 다른 사람과 어떻게 사귈지 걱정하며 대인관계에 더 움츠러들기도 하고요.

하지만 내향성은 단순히 수줍음이나 소심함을 뜻하지 않습니다. 단지 에너지를 소비하고 충전하는 방식이 외향성과 다를 뿐입니다. 외향적인 사람은 타인과 함께 있을 때 에너지를 충전하는 데 반해, 내향적인 사람은 타인과 함께 있을 때 에너지를 소비하고, 혼자 있을 때 에너지를 충전합니다. 즉, 에너지를 채우기 위해 혼자만의 시간이 절대적으로 필요한 사람을 일컬어 '내향적인 사람'이라고 말하는 것이지요.

자신의 내향적인 성격을 단점으로 여길 필요도 없고, 자신을 외향 대 내향의 한 영역에 가둘 필요도 없습니다. 내향적인 사람들도 얼마든지 세련되고, 친밀하게 관계를 만들고 유지할 수 있으니까요. 단, '내향적인 사람은 사람 만나는 것을 싫어해!'라는 편견에서 먼저 벗어나는 것이 필요하겠지요.

나의 내향성을 바꾸려 하지 마라

저는 초등학교 입학식 날을 잊을 수 없습니다. 자기소개 시간에 같은 반 친구들이 자기소개를 모두 끝낼 때까지 저 혼자 발표하지 못했으니까요. 지나치게 소심하고, 내성적이었던 저는 처음 만나는 친구, 선생님, 학부모들 앞에서 나를 드러내는 것이 겁나서 손도 들지 못했던 것이지요. 그런 극 내향형 아이가 지금은 많은 사람 앞에서 강의를 하고, 사람을 이끌며 소통하는 일을 업으로 삼는다니 저도 가끔은 신기합니다. 내향형 인간인

제가 그렇게 활동할 수 있는 비결은 무엇이었을까요?

인기 많고, 활발한 친구들을 부러워하는 저에게 부모님은 언제나 가장 '나다운 모습'으로 친구를 사귀면 된다고 조언해 주셨습니다. 친구에게 먼저 다가가 말을 잘 걸지 못하더라도 친구가 얘기할 때 잘 들어주면 되고, 친구들의 이름을 잘 기억해 불러주거나, 먼저 인사하면 된다고 하셨지요. 그 덕분에 저는 외향적인 사람처럼 보이려고 애쓰거나 저의 내향성을 스스로 못마땅하게 생각하지 않게 되었습니다. 이처럼 자신의 내향성을 인정하고 이해한다면 굳이 외향적인 행동을 하지 않고도 나만의 방식으로 다른 사람들과 더 잘 지낼 수 있습니다.

새로운 사람을 만나기 위해 낯선 그룹에 참석하게 될 때, 내향적인 사람은 어떻게 해야 더 편하게 관계를 맺을 수 있을까요? '새로운 인맥을 쌓자'라는 막연한 다짐으로 동호회에 참석하기보다는 구체적인 목표를 세워야 낯선 장소와 사람에 대한 부담감을 덜 수 있습니다. '오늘 3명에게 먼저 말 걸기', '대화할 때 단답형으로 반응하지 않기', '혼자 가만히 앉아 있지 않기'와 같은 실용적인 행동 계획을 정해보세요.

그리고 평소 내가 즐겨하는 취미 활동과 비슷한 관심사를 가진 사람들을 찾으며 나만의 맞춤형 이벤트로 관계를 맺어 보세요. 평상시에 독서, 영화 보기를 즐기는 사람이 인맥을 늘리기 위해 달리기, 와인 동호회에 참석할 필요는 없습니다. 새로

운 친구를 사귀기 위해 항상 새로운 관심사가 필요한 것은 아니
잖아요. 또한 이미 알고 있는 사람들을 통해 관계를 확장할 수
도 있습니다. 지인의 소개로 인연을 늘려 갈 수도 있고, 새로운
사람을 만나는 대신 친숙한 사람들과 더 깊은 관계로 발전하는
것도 사람을 사귀는 좋은 방법입니다.

나를 먼저 드러내라

은행원 지훈 씨는 동료들에게 "신비주의 컨셉 때문에 다가가
기 힘들다"는 말을 듣고 억울해했습니다. 내향적인 그는 단지 사
람들에게 개인적인 이야기를 하는 것이 부담스러워 자신을 드
러내지 못했던 것뿐인데, 의도적으로 신비주의 이미지를 만드는
사람으로 오해받았다고요.

사람들과 가까워지는 과정에는 자신에 대한 '공개'가 필요합
니다. 낯선 사람과 대화하며, 그가 지금까지 어떻게 살아왔는지
에 관한 사적인 이야기를 듣고 난 후에 상대방이 더 친밀하게
느껴진 경험은 누구에게나 있을 것입니다. 이것이 바로 '자기 개
방self-disclosure'의 힘이지요. 자기 개방은 '자기 노출'이라고도 하
는데 나의 생각, 감정, 경험, 고민, 목표 등을 타인에게 공유하는
것을 뜻합니다.

대인관계를 연구한 알트먼Altman과 테일러Taylor는 '사회적 침
투 이론social penetration theory'을 제시하며 사람들은 자기 개방을

통해 더 깊은 관계로 발전할 수 있다고 했습니다. 하지만 내향적인 사람들은 자신의 개인적인 부분을 노출하는 일을 어렵게 느낍니다. 또 너무 많은 개인 정보를 공유하면 상대가 부담스러워하지 않을까 미리 걱정하여 굳이 내 얘기를 꺼내려 하지 않지요. 하지만, 자기 개방은 개인의 성향과는 무관한 것으로, 관계에서의 필수적인 상호 과정입니다.

소개팅 당일, 당사자들은 자신의 모든 것을 털어놓지 않습니다. 첫 만남에서는 하는 일, 관심사 등 피상적인 주제에 관해서만 대화를 나누고, 이후 만남이 거듭될수록 가족, 친구, 연애 경험 등 다양한 주제에 대해 속 깊은 이야기를 꺼내며 애정을 키웁니다. 이처럼 자기 공개는 서두를 것이 없습니다. 천천히 마음을 열어가며 대화의 주제와 범위를 확장해 있는 그대로의 나를 보여주면 되는 것이니까요.

다만 상대가 자신의 속 깊은 이야기를 나에게 스스럼 없이 들려주기 시작했다면, 나의 이야기도 자신에게 들려주기를 기대하고 있다는 사실에 유념해야 합니다. 예를 들어 동료가 나에게 업무의 어려움을 털어놓았을 때, 가만히 듣고만 있는 것보다 내가 겪었던 비슷한 상황에 대해 공유해야 더욱 친밀감이 쌓이는 것처럼 말입니다. 요컨대 자기 개방은 개인적인 이야기를 주거니 받거니 하며 서로에 대해 알아가고 믿음을 쌓는 긍정적인 여정입니다.

재충전 시간을 미리 확보하라

과음 후 숙취 때문에 다음 날 고생해본 적이 있는 사람들은 이후 술자리에 대한 자신만의 요령을 터득하게 됩니다. 나의 한계 주량을 검토하고, 어떤 모임이나 분위기에서 내가 술에 쉽게 취하는지 파악해 두고, 안주, 마시는 속도, 주종까지 고려해 적당히 음주를 조절하려 하지요. 과음이 몸에 피로 신호를 보내듯 내향적인 사람들도 과도한 사교활동을 하면 여러 후유증을 겪습니다. 이를 '내향적 소진introvert burnout' 또는 '내향적 숙취introvert hangover'라고도 부릅니다.

여러 사람들과 어울릴 때 몸이 무겁고 짜증이 쉽게 나며, 얼른 집에 가고 싶어진다면 이미 내 에너지가 바닥이 났다는 신호입니다. 평소보다 주의가 산만해지거나 집중하기 어렵고, 잦은 두통처럼 육체적으로 불편함을 느낄 수도 있지요. 이렇게 재충전이 필요함을 알려주는 몸과 내면의 신호들을 알아차리면, 마음의 에너지를 회복시킬 타이밍을 잡기가 쉬워집니다. 결국 핵심은 사람들과 함께하는 시간과 혼자 보내는 시간의 균형을 어떻게 잘 유지할 수 있을지, 그 방법을 찾는 것입니다.

친구의 결혼식, 전사 워크숍 등 짧은 시간 내에 많은 사람들을 만나야 할 때가 있습니다. 이때는 중간중간 적시에 짧게라도 휴식을 취해야 에너지를 관리할 수 있습니다. 화장실에 가서 손을 닦거나 심호흡하기, 주변 산책하기와 같은 작은 휴식으로 긴장을 풀 수 있습니다.

참석하기 부담스러운 약속을 제안받거나, 원하지 않는 모임에 참석해달라는 요청을 받았다면, 약속을 미루거나 참석을 거절해도 괜찮습니다. '나는 뭘 했다고 사람 만나는 게 이리 힘드냐' 하며 자책하거나 다른 사람들에게 내 상황에 대해 사과할 필요가 없습니다. 혼자만의 시간을 갖는 것은 최상의 컨디션으로 사람들을 만나기 위한 필수 준비 과정이니까요.

나의 에너지를 잘 관리하기 위해 '만남의 루틴'을 활용할 수도 있습니다. 만남의 루틴이란 사람들과 정기적으로 반복되는 약속을 잡아 두는 것을 의미합니다. 규칙적으로 반복되는 약속을 통한 만남은 내향적인 사람에게 안정감을 주고, 약속에 속한 사람들과도 더 깊은 유대감을 갖게 해줍니다.

예를 들어 친구들과 매달 마지막 주 주말에 점심 일정을 고정해 놓거나 매주 반복되는 스터디 모임을 미리 계획해 둔다면, 만날 때마다 약속을 조율해야 한다는 피로감과 '가서 뭘 해야 하지'라는 부담감도 줄어들어 에너지를 덜 쓰면서도 안정적인 관계를 유지할 수 있겠지요. 이뿐만 아니라 나에게 익숙한 지역이나 장소에서 만남을 갖게 되면 낯선 환경이 주는 긴장감에서 벗어나 내가 만나는 사람에게 더 집중할 수도 있습니다.

이렇듯 내향적인 사람이라고 해서 꼭 관계가 힘들어야 하는 것은 아닙니다. 외향적인 사람에게는 외향적인 사람만의 인간관계 방법이 있듯, 내향적인 사람에게도 그들만의 인간관계 관리법이 필요할 뿐입니다. 혼자만의 공간과 시간을 확보하면서도 함께 있을 때 마음 편하게 있을 수 있는 나만의 규칙을 미리 만들어 둔다면, 좋은 관계를 맺을 수 있게 될 거예요.

움직이지 않으면
아무것도 달라지지 않는다

"하아. 오늘도 하얗게 불태웠어."

우리는 바쁜 업무와 일상을 끝내며 깊은 한숨과 함께 혼잣말을 내뱉곤 합니다. 이런 날들이 반복되면, 결국 몸도 마음도 지쳐서 에너지가 고갈되고 무기력해집니다. 소위 '번아웃 증후군burnout syndrome'을 겪게 되는 것이지요.

번아웃 증후군은 보통 '직장 스트레스'라고 알려져 있습니다. 주된 원인이 과로로 인한 스트레스이기 때문이지요. 그런데 친구, 가족, 애인처럼 가까운 인간관계가 번아웃 증후군의 원인이 되기도 한다는 사실을 아시나요? 어느 한 사람이 관계에 더 많은 애정과 헌신을 쏟는데도 상대에게 가벼운 인연으로 취급

되거나, 성격이나 경험 차이 등으로 인해 갈등을 겪는 상황이 자주 반복되면 결국 그 관계에 지쳐, 번아웃이 찾아오는 것이지요.

'나의 불만을 그에게 말해봤자 아무 소용 없을 거야. 어차피 그 사람은 바뀌지 않을 테니까. 그러니 그냥 내가 참으면 돼.' 혹시 당신도 이런 생각을 하고 있지는 않은가요? 혹은 '지친다 정말. 그냥 더 이야기하지 말자' 하며 갈등을 회피하고, 서로 간의 문제를 절대 해결할 수 없으리라는 무력감을 느낀다면 이미 당신도 그 관계에서 번아웃을 겪고 있는 것일지 모릅니다.

많은 사람들이 당장의 평화를 위해서 상대와의 문제를 묻어두지만, 그때그때 해소되지 않은 감정은 잦은 다툼으로 모습을 드러냅니다. 결국 '나홀로 괜찮은 척' 관계를 이어갈 때의 피로감과 좌절감은 관계를 포기하게 만들거나, 상대와 다시 잘 지내보고자 하는 의지가 있어도 그 타이밍을 영영 놓치게 하고 맙니다. 그 사람에게 너무 지쳐 더 이상 말도 하기 싫어질 때, 우리는 이 관계를 어떻게 다루어야 할까요?

감정이 쌓이면 번아웃이 찾아온다

인간관계에서 느끼는 번아웃은 하나의 사건에 의해서 한순간에 찾아오는 것이 아닙니다. 두 사람이 함께한 시간과 사건에 의해 생긴 스트레스가 적절하게 해소되지 않은 채 거듭 쌓여,

너를 미워할 시간에 나를 사랑하기로 했다

예상치 못한 순간 쏟아지는 것이죠. 따라서 관계에서의 번아웃 단계를 이해하는 것이 우리의 관계가 건강하게 흘러가고 있는지, 그 안전도를 점검하는 데 도움이 됩니다.

'번아웃' 용어를 처음 사용한 미국의 심리학자 허버트 프로이덴버거Herbert Freudenberger는 번아웃의 진행을 12단계로 명명하였으나, 이후 간소화하여 5단계로 압축했습니다. 1단계는 '허니문' 과정으로 우리가 상대에게 좋은 인상을 주고, 호감을 쌓아가기 위해 노력하는 단계입니다. 이때는 상대의 기대를 충족하기 위해 최선을 다하는 만큼 긴장감이 생길 수는 있지만, 기꺼이 즐길 수 있는 스트레스 수준을 경험합니다.

2단계부터는 본격적으로 관계로 인한 스트레스가 커집니다. 상대의 단점이 보이고, 나의 제한된 시간과 에너지를 상대에게 쏟거나 우선순위를 설정하는 것에서 갈등이 생겨, 조율의 어려움을 인식하는 단계이지요. 이 스트레스가 적절하게 해결되지 않으면 3단계, 즉 스트레스가 만성화되어 예전보다 관계에 대한 흥미와 의욕이 줄고, 만남과 대화를 미루고, 만나더라도 잦은 다툼이 발생하는 단계에 이르게 됩니다.

3단계가 해소되지 않으면 비로소 4단계, '번아웃' 상태를 맞게 됩니다. 관계 안의 갈등을 해결할 수 없다는 것에 깊은 좌절감과 무기력함을 느끼고, 무엇을 해야 할지 막막하고, 의욕조차 나지 않습니다. 요컨대 한계에 직면했다는 것을 깨닫게 되는 것이지요. 더 심각한 것은 번아웃이 일상이 되어 만성적인 소진을 느끼는 5단계입니다. 관계를 정상적으로 회복하려고 해도 이미 너무 늦어 버렸다고 느끼며, 더 이상 관계 회복을 위해 아무것도 할 수 없는 자신에 대한 좌절감과 무기력함에 빠져 절망과 우울감에 익숙해져 버리고 맙니다.

관계의 번아웃을 방지하기 위해, 우리는 스스로에게 자주 질문을 건넬 필요가 있습니다. 나를 지치게 하는 관계의 문제와 원인을 살펴볼 수 있는 질문을 소개합니다.

① 지금 당신의 관계는 번아웃의 5단계 중 어느 단계에 와 있나요?

② 언제부터 관계에서 피로를 느끼기 시작했나요?

③ 관계에서 당신이 놓치고 있었던 것은 무엇인가요?

④ 다시 이전 단계로 되돌아간다면, 어떤 시도를 해볼 수 있을까요?

말하지 않아도 내 마음을 알아주는 사람은 없다

우리가 관계에 무기력함이나 절망감을 가장 크게 느끼는 순간은 언제일까요? 상대가 내가 싫어하는 행동을 반복할 때, 나에게 중요한 것을 무시할 때, 나의 호의를 당연하게 생각할 때 등으로 결국 '내가 존중받지 못한다고 느끼거나 나의 정서적인 욕구가 충족되지 않는 순간'들이지요. 내 생각과 감정을 솔직하게 털어놓더라도 상대가 무시할 것이고 그로 인해 나는 더 실망하고 상처받을 것이라 예측하면, 소통을 미리 포기하게 되기도 합니다. 하지만, 번아웃을 극복하기 위해서는 내가 바라는 것을 상대에게 정직하고, 분명하게 전달하는 것부터 시작해야 합니다.

책 《비폭력 대화》의 저자 심리학자 마셜 로젠버그Marshall B. Rosenberg는 내가 바라는 것을 상대에게 상세하게 전달할수록 요구가 충족될 가능성이 높아지므로, 타인과의 갈등을 해소하고 싶다면 상대에게 구체적으로 자신이 기대하는 행동을 설명해야 한다고 강조했습니다.

이를 위해서는 먼저 관계에서 내가 막연히 '원하는 것'과 나에게 진짜 '필요한 것'을 구별해야 합니다. 이상적인 기대는 내려놓고, 내가 상대에게 필요로 하는 것을 구체화해보는 것입니다. 그리고 내가 말을 하지 않아도 상대가 알아주기를 기대하지 말고, 가능한 한 자세하게 상대에게 내가 바라는 것을 설명해야 합니다. 또한 희망 사항을 이야기할 때는 상대의 부족한 점을 지적하기보다는, 내가 바라는 점을 강조하는 것이 좋습니다.

예를 들어, 상대가 나의 호의를 너무 당연하게 받아들이는 게 불만이라고 해봅시다. 피곤한 몸을 이끌고 집안일을 해 두었는데 상대가 알아주지 않는 것이 섭섭하다면, 상대의 무신경함을 지적하기보다는 "나는 당신이 집안일을 하느라 애쓴 나에게 고맙다고 말해주고, 그런 나를 안아주었으면 좋겠어"라고 요청하는 편이 좋습니다. 이때 중요한 것은 반대로 상대가 나에게 바라는 점도 함께 확인하고, 그것을 존중해야 한다는 것입니다. 서로가 서로에게 바라는 점을 한번 구체적으로 이야기 나누고 나면, 그 이후에도 지속적인 대화를 통해 서로의 바람이 충족되는지 확인하고, 점검할 수 있어요.

또한, 비록 내가 바라는 모든 것을 상대가 다 충족해주지는 못하더라도, 상대가 보여주는 작은 노력에도 감사함을 표현해야 합니다. 감사를 통해 관계의 부정적인 측면에만 집중되던 에너지를 긍정적인 에너지로 전환할 수 있기 때문이지요.

서로가 사랑이라고 느끼는 언어나 행동이 다름을 인지하는 것도 관계에서의 번아웃 극복에 도움이 됩니다. 어떤 사람은 상대가 건네준 작은 선물에서 사랑을 느끼고 어떤 사람은 다정한 말 한마디에 사랑을 느낍니다. 혹은 말보다는 따스한 포옹에 사랑을 느끼는 사람도 있지요. 관계 안에서 각자의 언어로 표현되는 사랑과 존중의 표현을 알게 된다면, 더욱 긴밀하게 마음을 연결할 수 있습니다.

갈등이 없는 관계는 없습니다. 하지만, 이 갈등을 어떻게 다루는지에 따라서 관계에서 찾아올 번아웃을 예방하거나 충분히 극복할 수 있습니다. '어차피 달라질 것은 없어'라고 나홀로 단정하며 상대에게 내 마음속 진실된 이야기를 하지 않는 것은

너를 미워할 시간에 나를 사랑하기로 했다

나와 상대, 관계 모두를 포기하는 것입니다. 나를 불행하게 만드는 관계를 유지하는 것보다 더 나쁜 것은, 관계를 너무 빨리 포기하고 관계 개선을 위해 아무것도 하지 않는 것이라는 사실을 기억하세요.

잘 싸우는 관계가
오래 간다

    연인, 가족, 친구, 동료들과의 다툼을 잘 해결하고 앞으로의 좋은 관계를 위해 함께 다짐할 때, 우리는 이렇게 말합니다. "우리 이제 싸우지 말고 사이좋게 지내자!"

    사람들은 '우리는 한 번도 싸운 적이 없다'는 말로 '좋은 관계'를 증명하고 싶어합니다. 하지만 가까운 관계에서의 갈등은 필연입니다. 나와 완전히 똑같을 수 없는 타인과의 사이에서 전혀 다툼이 없다면 둘 중 한 명이 일방적으로 상대에게 맞추고 있거나, 다루기 어려운 문제의 대화를 서로 피하고 있는 것일 가능성이 높을 겁니다. 혹은 생각보다 깊은 관계가 아닐 수도 있고요. 갈등이 없는 관계가 오히려 더 우려스러운 이유입니다.

'싸우면서 정든다'는 말처럼 갈등은 두 사람의 친밀감을 높여줄 수 있습니다. 우리는 갈등을 겪으며 나 자신뿐만 아니라 상대도 완벽하지 않음을 인정하게 됩니다. 그리고 상대가 나와 엄연히 다른 존재임을 깨달아, 서로의 결점을 포용하는 힘을 얻게 됩니다. 다툼을 통해 비로소 상대에 대한 높은 기대를 내려놓기도 하고, 상대에게 더 잘 보이고 싶다는 부담감을 덜어냄으로써 있는 그대로의 나로 상대를 마주할 용기도 생깁니다. 때로는 갈등을 겪는 중에 '내가 이 관계에 이만큼이나 애정을 가지고 있었구나'를 깨닫고, 다툼의 순간마저 좋은 추억으로 만드는 탄탄한 신뢰를 쌓게 되기도 합니다.

　따라서 건강한 관계를 입증하는 것은 두 사람이 '얼마나 적게 싸우는가?'가 아닌 '어떻게 잘 싸우는가?'입니다. 우리는 더 이상 싸우지 않는 방법을 찾기보다는 '어떻게 잘 싸울 수 있을까?'라는 질문의 답을 고민해보아야 합니다.

상대를 다 안다고 착각하지 마라

　오랜 관계일수록 우리는 자신이 상대를 잘 안다고 생각합니다. 그래서 다툴 때 "너는 항상 그런 식이야", "너는 절대 내 말을 존중하지 않아!", "너는 늘 나를 무시했어!" 등 확신에 찬 표현을 무심코 사용하곤 하지요. 이 말을 절친한 친구에게 들었다고 상상해보세요. 어떤 느낌이 드나요? 당장 "내가 언제 그랬어?"라고 되물으며 구체적인 예를 들어 보라고 반문하고, 상대에게 방어 태세를 취하며 긴장감을 형성하게 될 겁니다.

이처럼 '항상', '절대', '늘'과 같은 단어는 상대의 행동을 지나치게 일반화하거나 과장하는 말들로, 듣는 이에게는 공격처럼 느껴집니다. 또한 말하는 사람에게도 부정적인 영향을 미칩니다. 둘 사이에 미해결된 문제가 반복되고, 지속되고 있다는 사실을 재확인하며 좌절감과 무력감을 느끼게 되니까요.

앞의 예와 같은 상황을 "너는 때때로 내 말을 존중하지 않아"라고 바꿔 보면 어떤 느낌이 드시나요? '항상'만 '때때로'로 바꿨을 뿐인데 공격적인 느낌이 줄어들고, 그 결과 상대의 방어적인 태도도 조금 누그러집니다. 자신의 지난 행동을 돌이켜 생각해보거나, 실수나 잘못을 인정하기도 쉬워집니다.

'항상', '늘'과 마찬가지로 상대가 다소 이기적인 행동을 했을 때 "이 나르시시스트야!", "너는 정말 이기적인 사람이야"처럼 상대에게 꼬리표를 다는 말들 역시 주의해야 합니다. 이러한 표현 역시 상대를 지나치게 일반화해, 상대가 방어적 태도를 취하게 할 수 있습니다.

인간관계는 승패가 있는 게임이 아니다

소중한 사람과의 다툼은 승패가 있는 스포츠 경기가 아닙니다. 그런데 우리는 갈등 상황에서 내가 옳고, 상대가 틀렸음을 증명하려고 부단히 애씁니다. 어떻게든 상대에게 "미안해", "내가 잘못했어"라는 말을 듣기 위해 상대의 상처를 끄집어내거나, 타인과 비교를 일삼으며 상대에게 무력감을 선사합니다. '내가 상대보다 더 낫다'라는 내면의 우월감을 유지하고 싶기 때문입니다.

신혼부부들이 가장 많이 부딪히는 문제는 설거지, 청소, 빨래 널기처럼 사소한 습관의 차이에서 발생한다고 합니다. 서로 자신의 방식이 옳다고 우기다가 싸움을 반복하게 되는 것이지요. 상대의 방식을 수용한다고 해서 내 방식이 틀린 것이 되는 게 아닌데도, 우리는 이토록 서로의 다름을 인정하는 데 인색합니다.

관계를 잘 유지하기 위해서는 내 방식만이 옳다는 우월감을 버려야 합니다. 다툼의 승패를 가르고 싶은 유혹에서 벗어나야 합니다. 이때 서로의 차이점에서 눈을 돌려 공통점을 찾아보는 것이 도움이 됩니다. 예를 들어 배우자와 분리수거 방법에 대한 이견으로 다툼이 있을 때는 '분리수거를 할 때 우리 부부가 공통적으로 하는 생각은 무엇일까?'라고 질문을 던져 보세요. '함께 사는 집을 깨끗하게 잘 관리하고 싶은 마음'만은 같다는 것을 확인할 수 있을 겁니다. 이렇게 공통점을 찾고 나면, 상대는 내가 물리쳐야 할 경쟁자가 아닌 함께하는 파트너라는 사실을 깨닫게 되고, 관계의 승패 싸움에서 벗어날 수 있습니다.

싸움에도 타이밍 전략이 필요하다

좋은 싸움을 하기 위해서는 적당한 때를 기다리는 지혜가 필요합니다. 학업이나 일에 치여 피곤한 날에는 누구든 더 예민해지기 마련이라, 이때 대화를 나누면 감정의 골이 오히려 깊어질 가능성이 높습니다. 배가 고프거나, 술을 마셨다면 만사가 귀찮아져 진지하게 대화에 집중하지 못합니다. 또한 공공장소나 지인들이 함께하는 자리에서 우발적으로 다투면, 당혹과 수치심이 더해져 제대로 된 대화를 나눌 수가 없겠지요. 그런데도 우리는 당장 내 마음이 불편하니, 얼른 문제를 해결하고자 하는 조급함 때문에 때와 장소를 가리지 않고 전투태세로 돌입합니다. 하지만 대화는 상호 작용이기 때문에 나뿐만 아니라 상대의 컨디션도 함께 살펴, 이야기를 나눌 최적의 시간을 조율하는 것이 좋습니다.

빠르게 갈등을 해결하고 싶더라도 대화가 어긋날 가능성이 높은 타이밍이라면 대화의 시작을 미루거나, 시작한 대화라도 잠시 중단하는 것이 바람직합니다. 만약 서로의 좁혀지지 않는 견해 차이로 도돌이표 같은 대화가 반복된다면, 잠시 휴식을 제안하고, 언제 서로 이야기를 재개할지 상의한 뒤 각자의 시간을 갖는 것이 좋습니다.

마찬가지로 사과할 때를 놓치지 않는 것도 더 큰 갈등을 막는 지름길입니다. 다툼으로 시간이나 감정 소비를 하고 싶지 않다면, 실수했을 때 변명 없이 잘못을 바로 인정해보세요. 큰 싸움으로 번질 수 있었던 일도 의외로 쉽게 정리될 수 있습니다.

대화에도 기술이 필요하다

미국 워싱턴대학교 심리학과 명예교수 존 가트맨John Gottman 박사는 대화 시작 후 딱 3분만 지켜보면 그 대화가 어떻게 끝날지 알 수 있다고 했습니다. 상대에 대한 비난과 원망이 담긴 어조와 공격적인 태도로 대화가 시작되면, 결국 그 대화는 서로에게 부정적이고 가혹하게 끝나리라는 결과를 예측할 수 있다는 것이지요. 따라서 상대에게 화난 감정을 표현할 때는 "도대체 왜 그러는 거야? 너 때문에 정말 짜증 나 죽겠다! 너는 내 말이 우습지?"라는 말로 대화를 시작하는 대신 침착하고, 부드럽게 대화를 시도할 수 있어야 합니다. 부드러운 대화를 위한 몇 가지 팁을 소개해드릴게요.

우선 '나'를 주어로 대화를 시작해보세요. "너 때문에 짜증 나"라는 말 대신 "나는 지금 상황이 많이 짜증 나. 내가 존중받는다는 느낌이 들지 않아"처럼 '너의 책임'이 아닌 '나의 감정'을 중심으로 표현하면 상대는 나의 말을 덜 공격적으로 받아들이게 됩니다.

대화 중 사용하는 신체 언어에도 신경 써야 합니다. 언성 높이기, 눈 치켜뜨기, 팔짱 끼기, 삿대질하기와 같은 무의식적인 행동이 생산적인 대화를 방해할 수 있으니 유의하세요. 또한 대화의 초점을 현재 일어나고 있는 갈등에 한정하는 것도 중요합니다. 약속에 늦은 친구에게 "또 늦었네. 넌 참 게을러"라고 말하는 것은 상대의 성격까지 문제로 삼는 것입니다. 현재의 실수로 상대를 일반화하지 말고, 현재의 문제 해결에 집중해 "앞으로 약속 시간에 늦지 않았으면 좋겠어"와 같은 요청 사항만 전달해주세요.

관계에서의 충돌은 누구에게나, 예고 없이 발생할 수 있다는 사실을 먼저 인정하면, 다툼을 건강하게 다룰 수 있는 힘이 생깁니다. 사실 서로에게 관심이나 기대가 없으면 싸울 일도 없습니다. 결국 나는 상대와 잘 지내고 싶은데 상대는 나와 같지 않다고 느낄 때 서운함이 생기고, 갈등도 발생하는 것입니다.

다툼을 반복하는 우리가 잊지 말아야 할 것은 갈등이 장기적으로 더 튼튼한 관계를 만드는 여정의 일부분이라는 것입니다. 어려운 대화를 피하지 않고 안전하게 서로의 의견을 나누기 위해 노력하다 보면, 서로가 서로에게 더 소중한 사람이 되어갈 겁니다.

한쪽만 문제인 관계는 없다

"있는 그대로의 나를 받아주는 사람을 만나 보셨나요? 이런 사람은 세상에 없죠?"

한 인터넷 커뮤니티에 올라온 질문으로 글을 시작하고 싶습니다. 질문에 대한 커뮤니티의 반응이 뜨거웠는데요. 댓글로 '이성 친구'나 '배우자'라고 적은 사람도 있었고, '사람은 없었고, 반려견'이라는 답변도 있었어요. '헤어진 남자친구'라고 댓글을 남긴 한 답변자는 그와 헤어진 것을 후회한다며, 있는 그대로의 나를 좋아해주는 사람이 앞으로도 많을 것이라 생각했는데 착각이었다고 말하며 쓸쓸함을 남기기도 했고요.

이렇듯 타인으로부터 온전히 받아들여지는 경험은 참 귀합니다. 반대로 내가 다른 누군가를 있는 그대로 인정하는 순간도 흔치 않습니다. 가까운 관계에서는 상대를 있는 그대로 인정하지 않나 생각할 수도 있지만, 그렇지 않습니다. 오히려 연인, 친구, 가족, 동료처럼 자주 보고 더 특별한 관계 안에 놓일수록 우리는 서로를 내 입맛에 맞게 바꾸기 위해 부단히 노력하게 됩니다.

물론 어느 누구도 나쁜 의도를 가지고 애정하는 상대를 변화시키려 하지는 않습니다. 그렇다면 왜 우리는 우리가 애정하는 타인을 내 기대와 기준에 맞춰 변화시키고 싶어할까요? 이는 우리가 타인을 변화시키는 행위를 상대를 '돕는 것'이라고 생각하기 때문입니다. 자녀들이 자신이 겪은 시행착오를 겪지 않았으면 하는 마음에 더 엄한 잣대로 아이를 양육하는 부모가 좋은 예입니다. 자녀의 행동을 자신이 생각하는 바람직한 방향으로 교정해줌으로써 자녀의 미래에 도움을 준다고 생각하는 것이지요.

또한 사람은 자신과 유사한 사람과 함께 있을 때 더 안정감을 느끼기 때문에 타인의 행동, 기호, 심지어 가치관까지 나에게 익숙한 것으로 맞추고 싶어 상대에게 변화를 요구하기도 합니다. 이렇게 타인을 바꾸어 놓으면, 모든 상황을 내게 익숙한 상황으로 만들어서 관계의 불확실성을 통제할 수 있기 때문에 마음의 안정감도 느낄 수 있지요. 이뿐만 아니라 관계에 대해 가지고 있는 마음속 높은 이상과 기대 역시 내 앞의 누군가를 끊임없이 바꾸고 싶은 욕심을 갖게 합니다.

일상의 언어를 살피자

많은 사람들이 자신은 관계에서 상대방을 늘 존중하고 있다고 생각합니다. 하지만 평소 일상의 대화를 들여다보면, 자신도 모르게 무심코 상대의 행동을 교정하려는 의도가 담긴 습관적인 말과 행동을 많이 한다는 것을 알 수 있습니다.

연인 사이를 먼저 살펴봅시다. "너 그 버릇 안 고치면 우리는 끝이야!"와 같은 최후통첩의 말, "네가 나를 정말 좋아한다면, 이런 행동은 하지 마!"처럼 조건이 붙은 말을 자주 하고 있지는 않나요? 이런 말은 상황에 대한 극단적인 결과를 제시함으로써 상대에게 강한 압박감을 줍니다. 또한 상대가 내가 아닌 다른 가족 친구, 동료를 만나는 것에 제한을 두어 일상의 활동을 통제하는 것 역시 그 사람을 내 마음대로 바꾸고 싶은 욕구를 대표하는 행동입니다.

소위 '엄친아(엄마 친구 아들)'와의 비교처럼, 타인과 상대를 끊임없이 비교하고 견주는 것 또한 듣는 사람을 작아지게 하기에 충분하겠지요. 내향적인 배우자가 불편해하는데도 의사를 무시한 채 자꾸 친구들의 모임에 데리고 나간다거나, 서로 종교가 다른 친구에게 일방적으로 내 종교를 권하는 것 역시 피해야 할, 상대를 존중하지 않는 행동입니다.

또 관계 내에서 잦은 다툼을 유발하는 주제, 쉽게 합의점에 이루지 못하는 사소한 논쟁거리가 자주 생긴다면, 서로의 의견을 존중하지 않고 자신의 판단만 옳다고 우기고 있는 것은 아닌지, 상대가 내 생각에 맞추기를 일방적으로 강요하고 있는 것은 아닌지 의심해보아야 합니다.

바꿔야 하는 것은 내 마음일 때가 있다

대학 시절 저와 룸메이트 친구 사이에 있었던 일입니다. 저는 미리미리 시험을 준비하는 데 익숙했지만, 친구는 시험 바로 직전의 벼락치기에 능한 타입이었습니다. 중간고사가 다가오는데도 여유를 부리는 친구를 보며, 정작 친구는 전혀 개의치 않는데 저 혼자 스트레스를 받아 얼른 공부하라고 잔소리하곤 했었지요.

사실 친구의 느긋함이 저를 더 불편하게 했던 건, 잘해야 한다는 부담감, 시험에 대한 긴장감, 친구의 여유에 대한 부러움이 제 내면의 불안을 건드렸기 때문입니다. 이처럼 상대가 나에게 폐를 끼친 것이 아닌데도 불구하고 상대에게 과도한 짜증을 부리게 될 때는 상대가 아닌 '나의 마음'을 살펴야 합니다. 내 안의 불안이 타인 탓에 생긴 문제라고 착각할 때, 우리는 다른 이에게서 답을 찾고, 타인을 바꾸려는 실수를 하게 됩니다.

너를 미워할 시간에 나를 사랑하기로 했다

누구나 완벽하지 않음을 인정하라

권태기를 겪고 있는 커플이 상대의 숨소리조차 싫다며 상담을 요청할 때 저는 그들에게 묻습니다. "처음 연인을 만났을 때 무엇이 가장 좋았었나요?" "연인에게 가장 고마운 것은 무엇인가요?" "연인의 가장 큰 강점은 무엇인가요?" 이렇게 과거로 돌아가서 생각을 정리하다 보면 지금은 싫증 나는 것들이 처음에는 상대의 매력이고, 개성이었음을 발견하게 됩니다.

완벽한 사람은 없습니다. 즉, 나조차도 상대의 기준에는 완벽할 수 없다는 사실을 우리는 자주 잊습니다. 따라서 좋아하던 상대에게 실망감을 자주 느끼게 될 때는, 상대의 입장에서 나는 어떤 사람일지에 대해 생각해보는 시간을 가져야 합니다.

나도 모르게 상대가 나에 대해 존중해주길 바랐던 것들을 점검해보세요. 내가 다이어트 중일 때 식단을 조절하느라 상대와 함께하는 외식 메뉴에 제한을 두는 것이 좋은 예입니다. 또한 상대의 입장에서 나에게 부탁하고 싶지만 참고 있는 것들은 없는지 생각해보거나 내가 상대라면 나에게 어떤 변화를 기대할지 고민해보면, 나 역시 상대에게 완벽한 사람이 아님을 깨닫게 됩니다. 서로가 완벽하지 않음을 인정하고, 서로의 결함을 고치거나 바꿔 주려 애쓰는 대신 함께 채워 나갈 때, 우리의 관계는 비로소 완벽해질 수 있습니다.

포기하기 전에 해야 할 것들이 있다

상대를 변화시키려 애쓰지만, 계란으로 바위를 치는 느낌이 들 때 지친 말투로 사람들은 말하곤 합니다. "나는 이제 포기했어. 맘대로 해!" 그 '포기'라는 말 속에는 원망과 좌절, 체념이 담겨 있어 장기적으로 관계에 좋지 않습니다. 그 사람과 앞으로도 잘 지내고 싶은 마음이 있다면, 변화를 위해 작은 일부터 시도해보는 것이 좋겠지요.

우선 내가 '내 방식이 옳고, 네 방식은 틀렸어'라는 흑백논리로 상황을 판단하고 있다는 것을 인정해야 합니다. 나에게 중요한 것이 상대에게는 그렇지 않을 수도 있습니다. 상대가 반드시 내가 원하는 대로 고칠 필요가 있는지도 고민해봐야 하고요.

또한 그동안 매번 상대의 행동을 지적하고 불평불만 했다면, 이제는 침묵으로 대응해보세요. 때로는 말보다 침묵이 더 강한 법이니까요. 그리고 직접 행동으로 보여주세요. 타인에게 변화를 요청하기 전에 내가 상대에게 기대하는 모습을 나부터 솔선수범해서 보여주는 게 훨씬 효과적입니다. 상대가 아침에 일찍 일어나길 바란다면, 나부터 규칙적으로 일어나 아침 시간을 건설적으로 사용하는 모습을 보여주는 것처럼요.

상대가 어떤 문제로 인해 곤란을 겪고 있다면, 그를 내버려두기보다는 이로운 변화를 제안할 수 있어야 건강한 관계입니다. 그리고 변화를 제안할 때는 상대를 돕고 싶다는 나의 진심을 먼저 전하는 것이 중요합니다. "내가 하나 제안해도 될까?", "내가 비슷한 나의 경험을 공유해줘도 괜찮을까?", "내가 너에게 도움이 될 만한 조언을 해도 될까?" 등의 말처럼요. 상대가 나의 조언을 수용할 수 있는 준비가 되었는지, 도움을 원하는지를 묻고, 흔쾌히 받아들였을 때 나의 이야기를 시작하면 됩니다.

그리고 이때, "너는 항상 그게 문제였어"처럼 과장되고, 지난 일들까지 연관해 비난하는 말투나 어휘를 사용해서는 안 됩니다. 또한 나의 대안을 일방적으로 제시하기보다 상대가 자기 자신의 상황에 맞게 대안을 직접 찾을 수 있도록 질문하고, 들어줘야 하고요.

관계에서 가장 편안함을 느꼈던 순간, 상대에게 더 좋은 사람이 되고 싶었던 순간을 떠올려보세요. 상대를 위해 더 멋져 보이려 애쓰지 않아도 되고, 상대에게 있는 그대로의 나로서 존중받았을 때일 것입니다. 당신도 누군가의 삶에 영감을 주며 그들의 일상을 더 긍정적으로 변화시킬 수 있습니다. 당신의 판단은 슬쩍 내려놓고, 그 사람의 가치, 생각, 신념을 오롯이 인정해주기만 하면 됩니다.

신뢰는
시간을 먹고 자란다

'한번 깨진 믿음을 다시 회복할 수 있을까?' 잘 지내던 사람과의 관계에서 실망하고 상처받아 신뢰를 잃게 되면, 우리는 앞으로도 이 관계를 유지할 수 있을지를 고민하게 됩니다. 하지만 그동안 그 사람과 함께한 시간과 쌓인 정을 생각하다 보면 매몰차게 돌아설 수가 없지요. 더욱이 그가 직장동료라면 당장 함께 일을 해야 하고, 가족이라면 그 연을 내 마음대로 쉽게 끊어 버릴 수 없기에 고민은 더 깊어지기 마련입니다.

마음 한편으로는 '이번 실수가 어쩌면 서로의 소중함을 재확인하는 더 좋은 계기가 되어 다시 신뢰를 두텁게 할 수 있을지 모른다'고 기대하지만, 동시에 상대에 대한 실망과 분노, 배신감이 두 사람의 미래를 자꾸만 의심하게 만듭니다.

하지만 다행히도 신뢰는 다시 채울 수 있습니다. 다만 많은 노력과 시간이 필요할 뿐이지요. 소중한 사람과의 신뢰가 깨졌을 때, 우리는 긴 시간과 노력을 들여 신중하게 내 마음과 관계에 대해 검토해야 합니다. 서로에게 무슨 일이 일어난 것인지, 그 상황을 있는 그대로 인정하고, 다음의 질문을 스스로에게 물어보세요. '내가 이 사람과 앞으로도 잘 지내고 싶은 것일까?' 만약 그럼에도 그 사람과 잘 지내고 싶다는 결론에 이르렀다면 관계를 다시 시작할 준비가 된 것입니다. 이미 깨져 버린 신뢰를 회복하고 다시 잘 지내고 싶다면, 지금부터 알려 드릴 사항들을 꼭 기억하세요.

조급해하지 마라

"언제쯤이면 그 사람과 이전처럼 잘 지낼 수 있을까요?" 재회한 커플들과 상담할 때 가장 많이 받는 질문입니다. 틀어진 관계가 마음처럼 빨리 회복되지 않으면 누구나 조바심을 느끼고, 회복에 필요한 기한을 확인하고 싶어지기 마련이지요.

상처를 준 사람은 얼른 잃어버린 신뢰를 되찾고 싶다는 마음에 한도 이상의 노력을 행하고는, 자신의 기대만큼 상대가 반응하지 않으면 불안해합니다. 반면에 상처받은 사람은 실수를 만회하려는 상대의 노력이 때로는 자신의 감정은 무시한 채 당장 마음을 열라고 강요하는 것 같아 부담을 느끼고요. 둘 사이에 텅 비워진 믿음을 다시 채우려면 처음 관계를 맺을 때보다 더 많은 시간과 노력이 필요합니다. "비 온 뒤에 땅이 굳는다"는 속담처럼 함께 그 과정을 인내해야만 더 단단한 사이가 되는 것이지요.

상대에 대한 신뢰를 되찾고 싶다면 우선 서로에게 시간이 필요함을 인정하고 현명하게 시간을 견뎌야 합니다. 그런데 이 시간을 견디는 일은 결코 쉽지 않습니다. 이미 신뢰가 깨진 상태에서는 상대를 향한 믿음이 흔들리기에 무의식적으로 상대를 불신하게 되기 때문입니다. 관계의 연결고리가 아슬아슬하게 느껴져서 불안해지고, 피어난 불신으로 인해 상대가 무엇을 하는지, 어디에 있는지 확인하며 행동을 통제하려고 애쓰기도 합니다. 신뢰가 깨지기 전보다 더 쉽게 상대를 의심하고 화를 내기도 하는데, 이는 또다시 상처받을까 봐 두려운 마음에 스스로를 방어하려는 행동입니다.

많은 사람들이 이런 마음에 당황하고 좌절해, '다시 잘 지낼 수 없나 봐', '역시 우리는 안 돼'라며 관계의 회복을 쉽게 포기하려 합니다. 하지만 우리는 이 신호를 절망의 표지판이 아닌, 지금 내 마음의 상태를 확인하는 신호로 받아들여야 합니다. 내 마음의 솔직한 상태를 확인하면, 나에게 적절한 관계 회복 속도가 어느 정도인지를 파악할 수 있기 때문입니다.

너를 미워할 시간에 나를 사랑하기로 했다

은규 씨는 친한 동료가 다른 팀원들에게 자신의 뒷담화를 한 사실을 알고 큰 배신감에 휩싸였습니다. 하지만 팀원들에게 불편함을 주고 싶지 않아 동료의 사과를 서둘러 받아줬고 다시 편하게 지내려 노력했습니다. 그런데 그 동료가 다른 사람들과 함께 있는 것을 보면 '혹시 또 내 얘기하는 것 아냐?' 하는 긴장감이 자신도 모르게 엄습한다고 했습니다.

은규 씨의 사례처럼, 내 안에 불안함이 감지되었다면 상대에 대한 신뢰를 빠르게 회복하기 위해 억지로 애쓰지 말아야 합니다. 불안감을 느낀다는 것은 그 사람을 향한 나의 실망이 생각보다 크고, 상처가 깊다는 것을 알려주는 신호이기 때문입니다. 치유의 과정을 서두를수록 내 마음이 온전히 편해지기까지는 오히려 더 오래 걸립니다. 불안의 신호를 확인했다면 회복 속도를 늦추는 것이 오히려 더 빨리 가는 길이라는 사실을 받아들이고, 조급함을 내려놓은 채 충분히 쉬는 것이 좋습니다.

용서에 겁먹지 마라

수연 씨는 남자친구의 외도로 이별한 후 용서를 다짐한 채 그와 재결합했지만, 여전히 그와의 만남이 괴롭다고 했습니다. 남자친구의 입장이 되어 이해하려고 애써 봐도 도무지 그의 외도를 받아들일 수 없고, 또다시 같은 일을 마주하게 될까 두려워서 그를 여전히 믿지 못한다고도 털어놓았어요.

나의 믿음을 일방적으로 깬 사람을 용서하는 일은 누구에게나 힘이 듭니다. 용서하겠다고 다짐했건만, 왜 마음처럼 쉽게 용서할 수 없을까요? 우리가 용서에 대한 잘못된 믿음을 여럿 갖고 있기 때문입니다. 이 오해를 걷어 내는 것만으로도 나의 신뢰를 저버린 사람과의 관계를 다시 시작할 용기를 조금 더 쉽게 낼 수 있습니다. 우리가 가지고 있는 용서에 대한 오해는 크게 두 가지가 있습니다.

첫째, 용서는 상처받은 경험이나 사건을 잊는 것이라는 오해입니다. '용서했으니 다 잊고 새로 시작하자'라고 다짐한다고 해서 있었던 일이 사라지거나, 내 안의 상처까지 지울 수는 없습니다. 나를 힘들게 했던 일은 잊을 만하면 다시 떠올라 내 마음을 아프게 합니다. 용서의 기능은 상처를 지우는 것이 아니라, 상처로부터 나아가는 것임을 기억해야 합니다. 우리는 용서를 택함으로써 나 자신을 과거에만 머물게 두지 않게 됩니다. 나를 힘들게 하는 감정에 얽매여 에너지를 낭비하지 않도록 스스로에게 자유를 주는 것입니다. 용서란 타인을 위한 배려가 아니라 나의 안녕을 위한 결정이라는 사실을 기억하세요.

둘째, 용서했다면 상대와 즉각적으로 화해해야 한다는 오해입니다. 곧바로 다시 잘 지낼 자신이 없어서 용서를 망설이는 사람들이 있는데요. 용서한다고 해서 둘 사이에 아무 일도 없었던 때로 돌아가는 것은 아니며, 관계에서의 문제가 모두 해결되는 것도 아니라는 사실을 기억해야 합니다. 용서는 상대를 이해해보겠다는 화해의 첫 제스처입니다. 우리는 상대의 행동에 모두 동의할 수는 없더라도, 용서의 과정을 통해 상대의 입장이 되어 보며 그가 왜 그렇게 할 수밖에 없었는지 이해하거나 연민해볼 수 있습니다. 이 과정을 통해 마음을 열다 보면 천천히 화해를 향해 갈 수 있겠지요.

팀으로 함께하라

어릴 적 동생과 다투면 엄마는 저희 남매에게 항상 말씀하셨어요. "누나만 혹은 동생만 잘못한 것은 없어. 둘 다 잘못해서 싸우는 거야!"

인간관계는 상호작용으로 이루어지기 때문에 잘 지내든, 잘못 지내든 두 사람 모두에게 책임이 있습니다. 멀어진 거리를 좁히며 다시 신뢰를 회복하는 과정 또한 마찬가지입니다. 물론 문제를 일으킨 사람이 먼저 사과하고 적극적으로 변화를 보여야하겠지요. 하지만 이를 멀리서 지켜보며 '너 하는 거 봐서!'라는 마음으로 상대를 일방적으로 평가하거나 피해자를 자처하며 수동적인 자세로 임한다면 결코 서로에게 도움이 되지 않습니다.

만약 누군가와 틀어진 관계를 되돌리기로 결심했다면, 마음의 빗장을 열고, 상대와 함께 '원팀ONE-TEAM'이 되는 방법을 찾아야 합니다. 제 어린 시절을 돌이켜보면, 싸운 후 사이가 서먹해진 동생과 가장 빨리 마음을 푸는 비결은 비디오 게임을 같이 하는 것이었습니다. 서로의 이름을 따서 팀 아이디도 만들고, 둘이 한편이 되어서 게임 안의 적을 물리치며, 높은 단계를 향해 팀워크team work를 발휘한 것이지요.

이처럼 두 사람이 팀이 되어 목표를 공유하고, 힘을 합해 협력해야 건강하게 화해할 수 있습니다. 이때 두 사람이 팀워크를 발휘하기 위해서는 과거의 일이나 감정을 뒤로 제쳐 두고, '우리는 서로 잘 지내고 싶다'라는 현재의 마음가짐에 집중해야 합니다.

그리고 주어진 상황에 맞춰 두 사람의 공동 목표를 세워 보는 게 좋습니다. 부부 사이에서는 좋은 부모가 되는 것이 공동 목표가 될 수 있고, 직장동료 사이에서는 프로젝트 성과 달성하기, 친구 사이에서는 배낭여행 다녀오기를 공동 목표로 설정할 수 있을 것입니다. 목표는 관계의 종류에 따라 다양하게 설정할 수 있습니다. 목표를 세웠다면 그다음 단계는 공동의 목표를 달성하기 위해 서로에게 바라는 것이 무엇인지 이야기 나누며 관계의 '그라운드 룰'을 정하는 것입니다. 관계에서 무엇이 허용되고, 허용되지 않는지에 관한 규칙을 세우는 것이지요.

규칙을 세웠다면, 목표를 달성했을 때 어떻게 서로를 인정하고, 서로에게 보상할 수 있을지도 정해보세요. 노력에 대한 보상

너를 미워할 시간에 나를 사랑하기로 했다

은 함께하는 여정을 더 즐겁게 하니까요. 예를 들어 부부 관계에서 신뢰가 깨졌을 때 '가족에게 헌신하기'를 공동 목표로 설정했다면, 목표를 잘 달성했을 때 서로에게 '1년에 한 번씩 친구들과의 여행 지원하기'를 보상으로 약속할 수 있습니다. 이렇게 노력에 대한 보상을 설정해야 신뢰를 다시 쌓는 여정도 더 즐거워지고, 서로를 향한 지지도 보여줄 수 있습니다.

모든 것이
완벽한 순간은 없다

"서로 타이밍이 안 맞았어." 지인들과 술자리에서 지나간 인연들을 아쉬워할 때 쉽게 내뱉거나, 듣는 말입니다.

우리는 누군가와 관계의 전환점을 맞이하기 전에 '지금이 내가 이 사람과 더 깊은 관계로 발전할 수 있는 적절한 때인가?'를 고민하게 됩니다. 이것이 흔히들 말하는 '타이밍'이지요. 2019년 싱가포르 경영대학교의 심리학과 조교수 케네스 탄 Kenneth Tan은 연구를 통해 타이밍이 관계의 몰입에 직접적인 영향을 준다는 사실을 발견했습니다. 스스로 준비가 되었다고 느꼈을 때 상대를 위해 더 많이 헌신하게 되고, 관계 또한 더 오래 지속 가능하다는 것이지요. 요컨대 타이밍은 우리가 타인에게 더 많이 헌신하고, 몰입하고자 하는 준비 정도와 관련 있습니다.

타이밍은 누군가에게는 인연의 시작과 끝을 결정하는 절대적인 기준이 되기도 하고, 어떤 이에게는 대수롭지 않은 핑계로 여겨지기도 합니다. 하지만 인간관계에 가장 중요한 요소는 아닐지라도 타이밍이 우리의 의사결정과 행동에 영향을 끼치는 것은 분명합니다. 일이 바빠서 연애를 미루거나, 내가 좋아하는 사람에게 이미 애인이 있어 마음을 접어야 하거나, 이별 후유증으로 새로운 사람 만나기를 주저하는 등 관계의 타이밍이 어긋나 새로운 관계에 도전하지 못하는 상황을 우리 주변에서 흔히 볼 수 있잖아요. 따라서 우리는 타이밍에 절대적으로 의존하지는 않으면서도, 이것을 현명하게 다루는 방법을 익혀 두어야 합니다.

타이밍은 결코 단순하지 않다

많은 사람들이 관계의 타이밍을 '우연히 맞이하는 적절한 시기나 운' 정도로 여기지만, 사실 타이밍은 삶의 다양한 영역과 복합적으로 연결되어 나타납니다. 따라서 관계에 있어 타이밍에 영향을 주는 여러 요소들을 이해한다면, '좋은 때'를 마냥 기다리기보다는 나와 상대의 상황에 따라 유연하고 주도적으로 서로의 타이밍을 조절할 수 있겠지요.

우선 이전 관계에 대한 경험, 그로 인한 감정 상태가 새로운 관계의 타이밍에 크게 영향을 줍니다. 연인과 막 이별한 사람이 주변의 소개팅 권유에 '나는 아직 새로운 사람을 만날 준비가 되지 않았어'라며 만남을 거절하는 것처럼요.

미래에 대한 비전이나 가치관도 관계의 타이밍에 관여합니다. 오래 사귄 커플이 결혼 및 육아에 대한 생각이 다르면 결국 이별을 고민할 수밖에 없게 되지요. 학업이나 취업처럼 꼭 달성해야 할 삶의 목표가 확고할 때 역시 우리는 '지금은 여유가 없다'는 이유로 만남을 소홀히 하게 되잖아요. 시간의 제약뿐만 아니라 경제적 상황, 장거리 연애와 같은 물리적인 거리 등도 관계를 지속할 수 있는 타이밍을 결정짓는 중요한 요소들입니다.

우리는 나이가 들면서 '그때 그 사람을 만났더라면', '그때 내 사정이 달랐더라면' 하는 아쉬움을 많이 내뱉곤 합니다. 하지만 아쉬워만 하고 있을 필요는 없습니다. 세월을 살아내며 여러 경험을 통해 다진 내면의 성숙함이 인간관계의 좋은 타이밍을 잡는 지혜를 주기도 하니까요.

마음의 준비가 되면 곧 좋은 때가 온다

'아직은 때가 아니야!'라며 만남이나 관계 내에서의 중요한 의사결정을 마냥 미루는 사람들이 있습니다. 하지만 안타깝게도 관계를 새롭게 시작하거나 더 깊게 유지하기 위한 모든 것이 완벽하게 갖춰지는 순간은 존재하지 않습니다. 내가 관계에 집중할 수 있을 만큼 여유가 생기면 마음먹은 대로 관계를 잘 만들 수 있을 것 같았지만 현실은 그렇지 않다는 것, 한 번쯤은 겪어 보셨을 것입니다. 나에게 가장 좋은 때여도 상대에게는 적절한 시기가 아니면 서로의 타이밍이 어긋나 버리기도 하니까요.

완벽한 타이밍은 없습니다. 그러니 더 이상 '그때'가 오기까지 마냥 미루거나 기다리지 마세요. 타이밍을 수동적으로 기다리게 되면 시간, 상황, 환경, 조건과 같은 외적인 것들만 살피느라 정작 가장 중요한 내면의 변화에 집중하지 못하게 됩니다.

그 대신 내가 상대와 좋은 타이밍을 함께 만들어 갈 '준비'가 되었다는 것을 알려주는 신호들을 알아차려야 합니다. 나와 상대가 관계를 진전시킬 '마음의 준비'가 되었는지 확인해보는 것이지요. 내 마음의 상태를 확인하기 위해 스스로에게 이런 질문을 던져 보세요. 상대와 함께 보내는 시간이 편안한가요? 나의 미래에 상대가 존재하는 게 당연하다고 느끼나요? 상대의 성장을 기꺼이 돕고 싶은 마음이 드나요? 서로 다른 점에 대해 불평하기보다는 이해하려 애쓰고 있나요? 이러한 질문에 긍정적인 대답을 할 수 있다면, 내가 누군가와 함께 최선의 타이밍을 만들 준비가 되었다는 뜻입니다. 기꺼이 상대를 위해 시간을 내고, 마음을 나누며 서로에게 헌신하는 노력을 함께할 때 비로소 가장 적절한 순간을 맞이하게 되니까요.

타이밍은 억지로 맞추는 것이 아니다

장거리 연애는 못 한다는 애인 때문에, '내가 언제 이런 사람을 또 만나겠어' 하며 오랫동안 바랐던 해외 취업 기회를 포기한 친구가 있었습니다. 지금 만나고 있는 상대를 자신의 '천생연분'이라고 생각할 때, 많은 사람들이 자신의 삶에 찾아온 기회를 '우리의 타이밍을 방해하는 장애물'로 치부하는 실수를 저지릅니다. 어떻게든 그 사람과의 좋은 타이밍을 지키기 위해 자신에게 중요한 것들을 포기하기도 하지요.

물론 인간관계는 서로의 양보와 희생으로 더 단단해질 수 있습니다만, 내 꿈이나 목표까지 내려놓아야만 유지되는 관계가 정말 나에게 좋은 관계일까요? 상대가 정말 나의 완벽한 파트너라면 오히려 내 꿈을 응원하고, 지지하면서 이룰 수 있도록 도와주고, 어떤 상황에서든 함께할 수 있다는 믿음을 줄 것입니다. 타이밍이나 장애물에 얽매이지 않고 관계를 유지해 가는 방법을 찾아가겠지요. 갑자기 장거리 연애를 하게 되었을 때 연락하는 시간이나 방법을 다양하게 찾고, 휴가 일정을 함께 미리맞춰 두는 것처럼요.

아무리 나의 이상형이고, 운명적인 상대를 만났더라도 상대와 함께하겠다는 일념 하나로 나와 내 상황을 바꾸게 된다면, 결코 당신에게 좋은 사람은 아닙니다. 나의 가치, 욕구, 목표, 꿈에 충실할 때 상대에게 중요한 것들도 함께 이해할 수 있고, 함께하는 관계도 더 단단해질 수 있어요.

　"We are on the same page"라는 영어 표현이 있어요. '우리는 서로 같은 페이지를 보고 있다'는 뜻입니다. 두 사람이 서로 같은 생각일 때, 같은 것을 바라보거나 이해할 때 흔히 쓰는 말입니다. 결국 좋은 타이밍은 두 사람이 '같은 페이지'에 머무는 때입니다. 두 사람에게 동시에 좋은 타이밍이 찾아왔다는 건 결코 우연이 아닐 겁니다. 좋은 타이밍이라는 건 두 사람 모두 시간적 여유가 있을 때 서로를 만났다는 게 아니라, 두 사람이 서로를 위해 기꺼이 양보하고, 건강하게 다투고, 함께 성장하고자 하는 다정하고 깊은 마음이 맞았을 때 만들어지는 것이니까요.

2장

—

좋은 사람 되려다
쉬운 사람 되지 마라

모두를 만족시키려
애쓰지 마라

'항상 주변 친구들을 먼저 챙기는 배려심이 많은 학생임'

저의 학창 시절 생활기록부에 쓰여 있던 문장입니다. 당시에는 담임 선생님께서 생활기록부에 적어 주신 위와 같은 기록을 보면, 선생님께 '착한 학생'이라고 인정받은 것 같아 기분이 좋았습니다. 하지만 사회생활을 하다 보면 어느 순간부터 '좋은 사람', '착한 사람'이라는 주변의 평가에 다소 불편함을 느끼게 됩니다. 착한 사람이라는 말의 이면에 '자기 희생'의 개념이 숨어 있기 때문입니다. 자신의 행복이나 이익은 다소 미뤄둔 채, 타인의 행복을 위해 힘겹게 고군분투하고 있는 사람일수록 착한 사람이라는 타이틀을 얻기 쉬운 법이지요.

사람은 서로 보살핌을 주고받으며 존재하고자 합니다. 하지만 긍정적인 삶의 에너지를 내가 아닌 남을 위해서만 쓰다 보면, 정작 자기 자신은 불안, 좌절, 분노와 같은 부정적인 감정에 휩싸여 마음이 지쳐 버리기도 합니다. 그런데 안타깝게도 많은 사람들이 자신이 현재 타인을 과도하게 배려하고 있다는 사실을 쉽게 자각하지 못합니다.

평소 타인의 제안을 잘 거절하지 못하거나, 타인이 나에게 필요한 것을 부탁하기 전에 내가 먼저 눈치채고 도움을 줘야 한다는 부담감을 느낀다면, 지나치게 타인을 배려하고 있다는 신호입니다. 이뿐만 아니라 우유부단한 모습으로 다른 사람에게 중요한 의사결정을 미루고, 상대에게 의사결정권을 양보하는 행동을 통해 좋은 사람으로 인정받고자 하는 습관이 있다면, 그 또한 지나친 배려의 한 유형일 수 있어요. 지금부터 지나치게 배려하는 습관에서 벗어나, 나의 에너지를 지키는 방법을 안내해 드립니다.

타인의 감정을 대신 책임지지 마라

가족과의 휴가를 앞둔 제 친구가 잔뜩 긴장하고 있었습니다. 3남매 중 맏이인 친구는 취향이 상반된 부모님을 모두 만족시키고, 오랜만에 함께하는 동생들과도 갈등이 없도록 동선을 짜고, 의견을 조율하느라 큰 압박감을 느끼고 있던 것이지요. 여

너를 미워할 시간에 나를 사랑하기로 했다

행 후 수척해진 얼굴로 나타난 친구는 '무사히' 다녀왔다는 안도감과 '다시는 가고 싶지 않다'는 고달픔을 깊은 한숨과 함께 쏟아냈습니다.

친구는 여행 내내 가족 모두를 만족시켜야 한다는 책임감으로 네 식구의 신체적 피로도뿐만 아니라 감정까지 세심히 챙겼다고 합니다. 혹시나 부모님이 피곤한 기색을 보이면 계획을 재빨리 수정하고, 분위기를 띄우기 위해 쉼 없이 이야기를 주도해 나가면서요. 친구의 노력 덕분에 그의 가족은 다음 여행을 기약할 정도로 만족스러운 시간을 보냈다고 했지만, 정작 친구는 가족을 위해 자신의 행복을 양보해야만 했던 것이지요.

타인을 기쁘게 하려고 노력하는 이들은 이처럼 다른 사람의 감정도 자신의 책임으로 느끼고, 이를 해결하는 데 몰두하며 자신의 에너지를 낭비합니다. 상사의 기분이 나빠 보이면 혹시 내가 실수한 것이 없는지 점검하느라 바쁘고, 헤어지고 싶은데 상대가 상처받을까 봐 두려워 관계를 유지하기도 하지요.

하지만, 누구도 다른 사람이 느끼는 감정의 책임을 대신할 수 없습니다. 한 사람의 감정은 오롯이 개인의 몫이며, 그 감정을 느끼고 처리하는 모든 것 역시 자기 자신의 책임인 것이지요. 내가 잘못하지도 않은 일에 대해 더 이상 사과하거나, 모두를 만족시키려 전전긍긍하지 마세요. 차라리 한 발 뒤로 물러서서 상대에게 자신의 감정을 스스로 처리할 시간을 주거나, 그가 나에게 도움을 요청할 때 기꺼이 지원해주세요.

또한 더 이상 다른 사람의 감정과 행동에 관성처럼 이끌려 반응하지 않기 위해서는 관심의 대상을 남에게서 '나'로 옮겨야 합니다. 내가 좋아하는 음식, 노래, 장소, 영화 등을 즐기며 일상 속 사소한 순간들의 나를 마주하면, 밖으로만 향하던 에너지를 내 안으로 집중시킬 수 있습니다. 그 안과 밖의 관심이 균형을 이룰 때, 우리는 비로소 편안해질 수 있어요.

지혜롭게 배려하라

나보다 타인을 돌보는 데 익숙한 사람은 어느 순간 주변 사람들이 내 배려를 당연하게 여기거나 나에게 지나치게 의존하려 한다는 것을 깨달았을 때, '내가 잘못 살고 있나?' 하는 좌절감을 느끼며, 혼란스러워합니다.

하지만 그렇다고 해서 이제는 누구도 배려하지 않고 나만 챙기며 살아야 한다는 뜻은 아닙니다. '착한 사람들이 손해 보는 세상'이라며 배려의 가치가 평가 절하되기도 하지만, 그럼에도 배려는 관계를 더 깊게 연결하는 힘이 있지요. 따라서 배려로 인해 지쳤을 때는 타인에게 더 이상 나의 애정과 관심을 주지 않으려 애쓰기보다는 지혜롭게 선한 영향력을 발휘하기 위한 고민을 해보는 것이 좋습니다. '타인을 돌보는 것'과 '나의 우선순위를 지키는 것' 사이에서 건전한 균형을 찾아야 하는 것이지요. 건전한 균형을 찾는 방법은 다음과 같습니다.

우선 내가 관심을 쏟아도 될 만한 가치가 있는 관계를 구분해야 합니다. 두루두루 모든 사람에게 관심과 배려를 쏟기에는 나의 에너지가 한정되어 있습니다. '내 삶에서 의미 있는 사람들은 누구일까?' 고민하며 나에게 중요한 사람과 그렇지 않은 사람을 구분해보세요. 확실하게 골라내기가 어려울 때는 다음과 같은 방법으로 핸드폰 메신저의 친구 목록을 활용하는 것을 추천합니다.

우선 1단계로, '관심 가지지 않아도 괜찮은 사람들'을 골라 친구 목록에서 더 이상 보이지 않게 '숨김 친구'로 옮겨주세요. 이 방법을 통해 길게 늘어져 있던 목록이 단축되어, 더 이상 내 핸드폰에 저장된 모든 이들의 프로필 사진이나 상태 메시지 변화에 습관적으로 반응하지 않을 수 있습니다. 2단계는 숨긴 친구를 제외한 친구 목록에서 '더 관심을 집중해야 할 사람들'을 '즐겨찾기'로 추가하는 것입니다. 내 마음의 우선순위처럼, 친구 목록에서 즐겨찾기로 지정되어 가장 위에 놓인 사람은 내가 시간이나 에너지를 투자할 가치가 있는 사람들임을 한눈에 알 수 있게 되지요.

이렇게 관심 친구를 구분했다면, 그들을 도와야 할 때는 어떻게 하면 될까요? 나에게 소중한 사람을 챙길 때 우리는 마음이 앞서 그를 위해 모든 것을 대신해주려는 실수를 합니다. 그런 나의 행동이 상대를 나에게 무한히 의존하게 만들어, 결국 그의 성장을 방해할 수 있다는 것을 모른 채로요. 탈무드의 "고기를 잡아 주지 말고, 고기 잡는 방법을 가르쳐라"라는 격언을 기억하세요. 현명한 배려는 상대가 필요한 것을 내가 대신하는 것이 아닌, 현명하게 상대를 지원하고 지지하는 방법을 찾는 것이라는 사실을 잊지 말아야 합니다.

통제할 수 있는 것에 집중하라

저희 아버지의 병세가 악화했을 때, 아버지가 지병으로 고통받는 모습을 지켜보는 것이 딸인 저로서는 너무도 괴로웠습니다. 아버지를 위해 할 수 있는 것이라면 무엇이든 하기 위해 고군분투했지만, 아버지의 병세는 야속하게도 저의 노력만큼 호전되지 않았지요.

아버지 곁에서 노심초사하느라 몸과 마음이 탈진된 저에게 한 선배가 건넨 말이 저를 놀라게 했습니다. "많은 사람들이 나이가 들면 아픈 곳이 생기고, 병으로 고통받기도 하고, 그렇게 죽음을 향해 가. 우리 부모님도 그렇고, 너희 부모님도 마찬가지야. 그런데 너는 그 순리를 못 받아들이는 것 같아." 선배의 조언처럼 저는 아버지에 대한 애정과 연민이 너무 커, 내가 애쓰는 만큼 아버지의 건강도 좋아지게 할 수 있다는 착각에 빠지고 말았던 것이었습니다.

자신의 노력이 문제 상황의 결과를 통제할 수 있다는 믿음은 타인을 돌보는 데 익숙한 사람들에게 자주 나타납니다. 그래서 개인이 어찌할 수 없는 문제를 자신의 노력으로 해결하기 위해 과도하게 애쓰게 되고, 그 일에 너무도 많은 시간과 에너지를 낭비하게 되지요. 노력한 만큼의 좋은 결과를 기대하는 것은 인간의 당연한 심리이지만, 모든 상황이 나의 통제 안에 있는 것은 아님을 우리는 기억해야 합니다. 내가 통제할 수 있는 것과 통제할 수 없는 것을 구분하고, 내가 관리할 수 있는 상황에 집중해 나의 감정과 노력을 쏟아야 합니다.

　　제 상황에 이 태도를 적용해보자면, 아버지의 병세가 악화될 때 아버지를 내 손으로 다시 건강하게 만드는 일에 집착하는 것보다는, 이것이 어쩔 수 없는 삶의 흐름임을 인정하고, 제가 할 수 있는 선에서 가장 효과적인 대응책을 미리 마련하는 것이 훨씬 더 현명한 선택이겠지요.

　　또한 우리는 다른 사람이 잘 되었으면 하는 마음에서 그들의 행동이나 가치관을 변화시키려고 많은 배려와 정성을 쏟기도 합니다. 하지만 안타깝게도 타인을 내 의지대로 바꾸고 통제하는 것 역시 불가능에 가깝습니다. 타인을 바꾸려는 노력은 결국 나도, 상대도 지치게만 할 뿐입니다. 그들을 바꾸려 애쓰는 대신, 그 스스로 더 나은 선택을 할 수 있도록 좋은 제안을 하는 것이 우리가 상대에게 할애할 수 있는 가장 현명한 노력일 겁니다.

당당하게 느끼고
단호하게 표현하라

"내가 호구인 걸까요?" 인터넷 커뮤니티에서는 가족이나 지인에게 이용당한 것 같다며 참담한 심정을 토로하는 사람들의 사연이 자주 눈에 띕니다. 몇몇 유저는 사연자에게 댓글로 자신의 쓰라린 경험을 공유하며 위로를 전하기도 하고, '더 이상 호구 잡히지 않는 법'처럼 냉정한 조언을 남기기도 합니다. 이들을 보고 있노라면 소위 '호구 잡혔다'는 불쾌한 경험이 살면서 누구에게나 있을 법한 흔한 일처럼 보이고, '나도 혹시 만만한 사람인 건 아닐까? 누군가에게 이용당한 적은 없었을까?' 하며 자신을 되돌아보게 되지요.

'호구'란 '어수룩하여 이용하기 좋은 사람'을 비유적으로 뜻하는 말입니다. 즉 상대의 이익 추구를 위해 이용당하고, 피해 보는 사람을 뜻하지요. 그런데 왜 우리는 처음부터 상대의 나쁜 의도를 파악하지 못하고, 어느 정도 피해를 보고 나서야 뒤늦게 '내가 이용당하고 있었나?'라는 의심을 하게 되는 것일까요? 그것은 바로 '패턴'이라는 정보가 쌓여야만 우리가 타인의 의도를 추측할 수 있기 때문입니다.

우리는 관계에서 반복되는 미묘한 '패턴', 즉 반복되는 행동에 주의를 기울일 필요가 있습니다. 예를 들어, 능숙하게 타인을 이용하는 사람은 자신이 필요할 때만 상대를 찾는 습관이 있습니다. 그들은 원하는 것을 얻기 전까지는 한없이 다정하지만, 목적이 달성되면 상대에게 무관심하게 돌변합니다. 상대의 부탁은 무시하기 일쑤고 약속은 늘 말로만 알겠다고 할 뿐이지요.

진심과 정성을 다했는데 이런 교활한 사람들에게 내가 이용당했다는 것을 알게 되면 마음에 큰 내상을 입고, 이로 인해 다른 관계마저 휘청이기도 합니다. 타인에게 만만하게 보이지 않고 나로서 당당해지기 위해 필요한 용기에는 무엇이 있을까요?

직감을 믿어라

'이 사람, 뭔가 느낌이 싸하다.' 논리적으로 설명할 수 없지만, 직관적으로 위험 요소가 감지될 때 우리가 자주 하는 표현입니다. 때로는 '이 사람 위험하다'라는 위험경보가 우리의 머리보다 가슴에서 더 빠르게 울립니다. 이것을 바로 '직감'이라고 하지요. 직감은 자기 자신을 보호하기 위해 누구에게나 있는 내면의 목소리입니다. 직감은 현재 이 관계에서 무슨 일이 일어나고 있는지, 앞으로 어떤 일이 생길지 경고하여, 내가 선택해야 할 방향을 제시하는 마음속의 나침반과 같습니다.

하지만 안타깝게도 많은 사람들이 직감을 무시하거나 애써 외면하고서 뒤늦은 후회를 합니다. 누군가 의도적으로 나를 이용하고, 함부로 대했다면 분명 직감은 여러 차례 나에게 주의가 필요하다고 경고했을 것입니다. 그 사람과 만날 때 과도하게 긴장하게 되거나, 그와 대화한 후에 '무언가 꿍꿍이속이 있는 것 같다'라는 찜찜함이 남거나, 상대의 태도 변화에 불길한 기분을 느끼게 하면서요. 이뿐만 아니라 그를 통해 불쑥 나의 개인적인 상처나 유쾌하지 않은 경험이 떠오르기도 하고, 가슴이 답답하거나 속이 울렁거리는 것과 같은 신체적인 불편 증상을 느끼기도 합니다. 이렇게 직감은 나에게 '이 사람이 나를 존중하고 있지 않다'라는 경고 신호를 보냅니다.

그렇다면 잘못된 관계로부터 나를 지키기 위해, 어떻게 직감을 사용하는 것이 좋을까요?

우선, 나의 직감을 신뢰하기 위해서는 충분한 시간이 필요합니다. 내면의 목소리를 듣자마자 성급하게 판단하고 행동하는

너를 미워할 시간에 나를 사랑하기로 했다

것은 위험합니다. 나의 감정이 무엇을 말하는지, 내가 이 관계에서 기대하는 것과 두려워하는 것은 무엇인지에 대해 먼저 차분히 돌아봐야 합니다.

이때 중요한 것은 자신에게 정직해야 한다는 것입니다. '그 사람은 나에게 위험해'라는 내면의 목소리를 인정하고 싶지 않아서 상대가 나에게 잘해준 것들만 떠올리거나, 그 사람과 상황에 대해 변명해서는 안 됩니다. 직감은 내가 원하고 기대하는 바와 항상 일치할 수 없다는 것을 기억하세요. 내가 상대에게 바라는 것과 나의 직감이 일치하기를 기대하다 보면 오히려 스스로를 의심하게 될 위험이 있습니다. 기대와 직감 사이의 괴리가 커 '내 느낌이 정말 맞는 것일까?' 하며 도리어 나를 의심하게 되고, '그 사람이 피곤해서 그랬을 거야', '잘 몰라서 그랬을 거야'와 같은 합리화를 오랜 시간 반복하며 마음을 고단하게 만들게 되지요. 이때는 무기한 생각을 늘어뜨리는 대신, 생각의 마감 기한을 정해 내면의 갈등을 정리하는 것이 좋습니다.

그리고 나의 직감을 뒷받침할 수 있는 단서들을 찾아보아야 합니다. '그는 나를 친구로 생각하지 않아'라는 직감이 들었다면 그가 나의 경조사에 참석했는지, 평소 나에게 얼마나 자주 먼저 연락하는지 등을 구체적으로 검증해보는 게 좋습니다. 또한 주변 사람과 함께 허심탄회하게 이야기 나누며 내 안의 생각이나 감정을 객관적으로 검토하는 것도 도움이 됩니다.

단호하게 대처하라

우리는 지난날의 아픈 기억을 완전히 지울 수도 없고, 무례한 상대의 행동을 바꿀 수도 없습니다. 하지만 단 하나, 똑같은 상황이 닥쳤을 때 다음부터 어떻게 대처할지 선택하는 것만은 오롯이 내 의지대로 할 수 있습니다. 상대에게 이용당한 '피해자'라는 이름에 스스로를 가둘 수도 있지만, 상처를 경험으로 삼아 무례한 이들을 상대하는 단호함을 기를 수도 있습니다. 나를 무시하는 이들을 상대하는 단호한 대처법 두 가지를 소개합니다.

첫째, 관계에서 내가 하지 말아야 할 일을 분명히 정해 두어야 합니다. 좋은 마음으로 건넸던 나의 배려를 이기적으로 이용한 타인에게 받았던 상처를 떠올려보세요. 그리고 같은 상황이 되풀이되지 않기 위해 나는 무엇을 달리할 수 있을지 생각해봅니다. 예를 들어, 좋은 마음으로 동료를 돕기 위해 야근까지 했지만 그에게 고맙다는 인사조차 받지 못해 상처받았다면, 앞으로 '업무시간 외에 동료의 업무 지원은 하지 않기'로 나의 행동 지침을 구체화하는 것이지요. 이렇게 타인에게 베푸는 배려에 대한 자신만의 기준을 세워 둔다면, 상대의 무례한 요청에 끌려다니지 않을 수 있습니다.

둘째, 누군가가 나를 의도적으로 이용해왔다는 것을 깨달았다면 그와는 분명하게 거리를 둬야 합니다. '거리 두기'는 물리적 공간이나 만남의 제한뿐만 아니라 그들에게 공유하는 나에 관한 정보 통제를 포함합니다. 호시탐탐 나를 이용할 기회를 찾는 사람일수록, 내가 자신의 이익을 충족해줄 수 있는 상황인지 파악하기 위해 은밀하게 접근하기 마련이니까요. 예를 들어 식사를 한 뒤 나에게 계산을 미루는 습관이 있는 친구가 있다면 그에게 나의 재정 상태나 재테크 성공 경험에 관련한 이야기는 하지 말아야 합니다. 나의 재정 상황이 넉넉하다는 정보를 흘리면, "주식 대박 났다며? 오늘은 네가 밥 사!"라고 더욱 당연하게 나를 이용할 테니까요.

지나친 사과를 멈춰라

미국 조지타운대학교 언어학 교수 데보라 태넌Deborah Tannen 은 그녀의 저서 《Talking from 9 to 5: Women and Men at Work》에서 '지나친 사과'는 상대가 나를 약한 사람으로 인지하게 할 수 있다고 경고했습니다. 지나친 사과란 사과가 필요 없는 상황에서도 "미안해"라고 말하는 것을 의미합니다.

우리는 내가 잘못하지 않은 일, 내 통제 밖의 일뿐만 아니라 심지어 정당하게 내 몫을 요구해야 하는 사건에 대해서도 일단 사과부터 합니다. 늦은 밤 친구의 부재중 연락에 "미안, 자느라 전화를 못 받았어"라고 말하거나, 약속을 지키지 않는 동료에게 "미안한데, 지난번 빌려준 돈을 이번 주까지 받을 수 있을까?"

라며 사과부터 하는 것은 일상에서 우리가 자주 하거나 듣는 표현들이지요.

의견을 강요하는 것처럼 보이지 않기 위해 미안함을 덧붙이는 경우도 많습니다. 상사가 부하에게 "미안하지만 이것도 함께 수정을 해줘요"라고 말한다든가, 회의 시간에 "죄송해요. 제가 한 가지 제안할게요"라고 말하는 것처럼요. 습관처럼 했던 무분별한 사과가 나의 가치를 떨어뜨리고 있던 것입니다.

만만한 인물로 낙인찍히지 않기 위해서는 내가 언제, 왜, 누구에게 자주 사과의 말을 하고 있는지 점검하는 것부터 시작해야 합니다. 타인에게 친절하고 예의 바른 사람으로 보이고 싶은 욕심 때문일 수도 있고, 낮은 자존감으로 인해 '내가 뭐라고 이런 것을 요구해'라며 자책한 것일 수도 있습니다. 또 난감한 상황에서 어떻게 표현해야 할지 몰라 습관적으로 사과하는 것일 수도 있고요. 나의 사과 패턴을 정리하고 이를 일상생활에서 의식해본다면, 지금이 정말 내가 미안해야 하는 상황이 맞는지 구별하고, 사과의 빈도를 줄일 수 있겠지요.

또한 사과로 대화를 시작하면 상대에게 지나치게 수동적인 사람으로 비칠 수 있으니, 다른 말로 대화를 시작하는 연습을 시도해야 합니다. 예를 들어 '미안하다'를 '고맙다'는 표현으로만 바꿔보세요. "기다리게 해서 미안해"라는 표현은 "기다려 줘서 고마워"라는 말로 대체하고, "실수해서 죄송합니다"를 "바로

잡아주셔서 고맙습니다"라고 말해보는 겁니다. 사과 대신에 질문을 하는 것도 좋은 방법입니다. "방해해서 죄송해요"는 "실례합니다. 지금 대화를 나눌 수 있을까요?"라고 바꿔 말해보세요. 단어만 바꾸어 말해도 상대는 나에 대해 전혀 다른 인상을 받게 될 거예요.

'그 사람'만 만나면
유독 피곤한 이유

"하아, 기 빨려." 어떤 만남은 돌아서는 순간 나도 모르게 긴 탄식을 내뱉게 됩니다. 만남을 마친 나의 상태가 마치 배터리 방전으로 곧 꺼질 것 같은 핸드폰처럼 느껴지기도 하지요.

우리는 사람들과 어울리며 에너지를 주고받습니다. 긍정적인 에너지를 공유하는 관계는 서로가 서로의 '인간 비타민' 역할을 해주며 일상의 활력을 충전해줍니다.

그런데 나의 긍정 에너지는 빼앗아 가면서 부정적인 기운만을 돌려주는 사람도 있습니다. 정신의학에서는 이런 사람을 '에너지 뱀파이어emotional vampire'라고 부릅니다. 이 용어는 캘리포니아대학교 로스앤젤레스UCLA 정신과 임상교수 주디스 올로

프Judith Orloff가 그녀의 저서《나는 초민감자입니다The Empath's Survival Guide》에서 처음 언급했습니다. '에너지 뱀파이어'는 내 주변에 머물며 나의 신체적, 감정적 에너지를 빼앗아 가는 사람을 뜻하는데, 일상에서 다양한 유형으로 만날 수 있습니다.

우선, 함께 식사할 때 다른 지인에 대한 험담만으로도 부족해 음식의 맛, 가격, 서비스까지 온통 불평만 늘어놓아 식사 후에 체기마저 느껴지게 하는 '투덜이'들이 있습니다. 그리고 나의 기분이나 상황은 고려하지 않은 채 자기 자랑부터 시시콜콜한 과거사까지, 주구장창 자기 얘기만 쏟아내는 '수다쟁이'도 우리를 녹초로 만듭니다. 세상에 존재하는 억울한 일을 모두 혼자 겪은 듯 자신의 처지를 스스로 가여워하며 한탄하는 '동정심 유발자'들 역시 나의 진을 빠지게 하지요. 이처럼 함께 있으면 기 빨리는 사람들로부터 어떻게 나를 현명하게 보호할 수 있을까요?

내가 고갈되고 있음을 알려주는 신호를 확인하라

나의 에너지와 감정을 고갈시키는 사람을 바로 알아차리기는 어렵습니다. 하지만 우리가 특정한 관계를 버겁게 느낄 때 드러나는 몸과 마음의 신호들을 알아두면, 에너지 뱀파이어들에게 휘둘리지 않을 수 있겠지요. 상대와의 상호 작용이 버거울 때 우리가 무의식적으로 하게 되는 행동을 소개합니다.

우선 특정 그룹 활동을 피하게 된다면, 그 안에 에너지 뱀파이어가 있는 것은 아닌지 의심해보아야 합니다. 만나기 부담스러운 사람 한 명이 있으면, 그가 멤버로 있는 친목 모임에 나가는 것을 꺼리게 되고, 그와 우연히 마주치더라도 얼른 자리에서 벗어나기 위해 변명을 준비하게 됩니다. 이전에는 아무리 가까운 관계였더라도, 한번 그 사람과의 만남이 버겁게 느껴지기 시작하면 그에 대한 긍정적인 감정이 점차 사라지고, 함께하는 것도 더 이상 즐겁지 않게 되니까요. 내 핸드폰에 그 사람의 전화나 문자 알림이 울리는 것만으로도 긴장이 되고, 최대한 답장을 늦게 보내며 상대와의 연락이나 만남을 피하게 되지요.

이뿐만 아니라 함께할 때 상대의 변덕스러운 감정 변화 때문에 눈치를 보게 되고, 만남 후에도 상대가 나에 대해 어떤 생각을 하고 있을지 걱정하며 계속 초조함을 느끼는 것 역시 상대가 나의 에너지를 고갈시킬 때 나타나는 현상입니다.

이런 정서적 불안은 신체적 증상으로도 이어집니다. 내가 원한 적도 없는데 상대가 자신에 대한 너무 많은 정보와 감정을 공유해서 집중력이 떨어지고, 자꾸 하품이 나고, 정신이 혼미했던 경험이 있을 것입니다. 함께 시간을 보낸 후에는 온몸이 피로하고, 심할 경우 두통, 근육 긴장으로 인해 휴식 시간을 필요로 하게 되지요.

정서적, 육체적으로 이 관계에 지쳤다는 것을 알려주는 가장 결정적인 단서는 결국 '두 사람이 함께하는 시간의 단축'입니다. 함께 있으면 피로감을 느끼기 때문에 본능적으로 상대와의 만남을 피하게 되고, 그 결과 함께하는 시간이 절대적으로 줄어드는 것이지요. 상대와 함께 있을 때 힘이 나는 것이 아니라, 오히려 상대와 거리를 유지할 때 안도감을 느낀다면 관계에 대한 재평가가 필요한 시점입니다. 그리고 에너지 뱀파이어로부터 나의 에너지를 지키는 가장 빠른 방법은 그들의 행동이 나에게 어떤 영향을 미치는지 자각하는 것에서 시작됩니다.

피하지 않아도 상대할 수 있다

나의 에너지를 빼앗아 가는 상대라고 해서 무작정 피하는 것만이 최선은 아닙니다. 어떻게 해야 상대를 물리적으로 피하지 않으면서도 우리의 에너지를 지킬 수 있을까요? 이제부터 나의 에너지를 지키며 주체적으로 에너지 뱀파이어와 소통하는 방법을 소개해 드리겠습니다.

우선 에너지 뱀파이어들과 대화할 때는 최대한 가벼운 주제를 선택하는 것이 좋습니다. 예를 들어 늘 다른 사람의 뒷담화를 늘어놓는 친구로 인해 에너지가 고갈되는 것을 느낀다면 영화, 드라마, 날씨 등 가벼운 일상의 주제로 화제를 돌려 중립적인 대화로 방향을 트는 것이지요.

또한 나의 에너지를 쓸데없이 낭비하지 않기 위해서는 불필요한 논쟁에 휩쓸리지 않아야 합니다. 상대와 논쟁하고 싶은 주제가 있더라도 상대의 의견에 반박하거나 추가 질문을 하지 말고 침착하게 반응하며 대화를 짧게 유지하도록 합니다. 개인의 의견보다는 사실에 충실한 대화를 나누고 평가, 승진, 상사 뒷담화와 같은 논란이 있을 수 있는 주제는 피합니다. 또한 "곧 미팅 참여 예정이라 지금부터 15분 정도 이야기 나눌 수 있어요"와 같은 말로 미리 대화 시간을 제한한다면 에너지 소모를 줄이고 용건만 간단히 주고받는 대화를 나눌 수 있겠지요.

SNS상의 소통에서도 마찬가지입니다. 종종 자신이 즐겁게 소비한 콘텐츠를 나의 의사는 묻지 않은 채 무분별하게 SNS로 공유하는 사람들이 있는데요. 이럴 땐 관심 없는 정치, 종교, 인물에 대한 기사나 동영상들을 일방적으로 공유 받아 귀중한 시간과 에너지를 낭비하기보다는 상대에게 그 주제는 나의 관심사가 아님을 솔직하게 전해야 합니다. 수시로 올리는 알림에 즉각적으로 답할 필요가 없다는 것도 기억해야 합니다. 여유가 생긴 후에 '바빴다'는 메시지로 답해도 되고, 무응답으로 '관심이 없다'는 나의 속마음을 은연중에 전달하는 것도 하나의 방법입니다.

마지막으로 상대가 나에게 집중하지 못하도록 단체 대화를 유도하는 것도 좋은 방법입니다. 회사에서 나의 기를 빼앗아 가는 동료가 고민이라면 일대일 만남은 줄이고, 메일로 소통하거

너를 미워할 시간에 나를 사랑하기로 했다

나 주변의 팀원들을 대화에 함께 참여시켜 나에게만 집중되는 관심을 분산시키는 것이지요.

해결사를 자처하지 마라

절친한 후배가 계속되는 공무원 시험 낙방과 동시에 찾아 온 오랜 연인과의 이별로 힘들어했습니다. 후배는 저를 만날 때 마다 눈물을 보이며 후회와 자책, 좌절감에 괴로워했지요. 저는 후배를 위해 수시로 안부를 물으며 반복되는 하소연을 들어주 었고, 기분 전환을 위해 함께 여행도 다녀올 만큼 많은 애정을 쏟았습니다. 하지만 후배는 시간이 지날수록 더 깊은 우울감에 빠졌고, 저는 그로 인해 무기력함과 답답함을 느껴 오히려 관계 가 서먹해졌었던 경험이 있습니다.

저는 평소 타인에 대한 공감과 연민을 잘한다는 이야기를 많이 들을 만큼 다른 사람의 감정에 민감하게 반응합니다. 하지 만 돌이켜 생각해보면 이것이 오히려 역효과를 일으켰던 것 같 습니다. 지나친 공감이 후배와 저의 마음을 분리하지 못하게 막 았고, 저는 후배의 해결사가 되어 힘든 마음을 치료해주고자 하 는 욕심에 너무 많은 시간과 에너지를 쏟아 지쳐 버렸습니다. 이는 소중한 사람이 자신에게 심리적 어려움을 토로할 때 많은 사람들이 하는 실수입니다. 상대를 어려운 상황으로부터 구출 하고자 하는 마음에 더 많은 역할을 자처하게 되고, 상대를 대신해 문제를 해결하고, 책임을 떠맡거나 치료사가 되려 합니다.

하지만 개인의 삶의 문제는 누구도 대신 해결해 줄 수 없다는 진리를 우리는 잊지 말아야 합니다. 소중한 사람이 힘들 때 우리가 떠안아도 괜찮은 책임은 그 문제를 해결해주는 것이 아니라, 그가 스스로 문제를 해결할 힘을 낼 수 있도록 돕는 것입니다. 함께 식사하고, 안부 문자를 나누는 것으로도 그들을 위로할 수 있습니다. 혹은 해결을 위해 좋은 대안을 제시할 수도 있습니다. 예를 들어 우울감이 심한 친구에게는 심리 상담을 제안하는 것처럼요. 다만 명심해야 할 것은, 우리는 그에게 최선의 대안을 제시해줄 수 있을 뿐, 선택은 언제나 그의 몫이며, 우리는 그 선택을 그저 존중하고 지지해주어야 한다는 사실입니다.

너를 미워할 시간에 나를 사랑하기로 했다

나만 애쓰는 관계는
이제 그만둔다

한 직장인 커뮤니티에 이런 질문이 게시된 적이 있습니다. '나를 긴장하게 만드는 사람 vs 편안하게 하는 사람 중 당신은 어떤 사람과 결혼하고 싶나요?' 답변자들은 모두 후자, '편안하게 하는 사람'을 택했습니다. 언제나 초조한 마음으로 임해야 하는 사이라면, 생각만으로도 지치고 버겁다면서요.

새로운 만남이 시작될 때, 우리는 모두 서로를 파악하기 위한 긴장의 시간을 지나 보냅니다. 하지만 점차 서로를 알아 가면서 이 낯선 불안함은 안정감으로 발전해 관계를 지탱하는 힘이 되지요. 하지만 어떤 관계는 시간이 지날수록 관계에서 느끼는 불안과 긴장감이 더 커져, 우리를 지치게 만들기도 합니다.

"오늘 팀장님 기분 어때?" 많은 직장인들이 보고서를 올리기 전에 상사의 감정을 미리 살피는 것을 하나의 프로세스로 여깁니다. 대화 중 상사의 표정이 좋지 않으면 난감한 주제는 눈치껏 다음으로 미루기도 하고요. 상하관계가 존재하지 않는 가까운 연인, 가족, 친구 사이에서도 상대방의 감정 상태를 예측하며 경계 태세를 유지하고 있다면, 이것은 결코 건강한 관계가 아닙니다. 화를 참지 못해 돌발적인 행동을 하는 애인, 변덕이 들끓는 친구, 신체적인 학대를 하는 부모의 곁에 있는 상황처럼요. 이렇게 늘 나를 긴장하게 하는 사람들과의 관계를 현명하게 조율하는 방법을 지금부터 소개합니다.

너무 조심해도 문제다

애인의 불같은 성격 때문에 힘들어하던 후배가 있었습니다. 후배는 자신의 남자친구를 자극하지 않기 위해 항상 눈치를 살피며 그보다 한발 앞서 대처했지요. 데이트 중 차가 막히면 남자친구가 짜증 낼까 봐 "내가 괜히 주말에 보자고 해서 미안해" 하며 자신의 잘못도 아닌 일에 사과하고, 함께 가고 싶은 맛집이 있어도 대기가 길어지면 그가 불평할 것이 두려워 말도 꺼내지 못했다고 합니다. 정신을 차려 보니 어느덧 남자친구에게 작은 꼬투리라도 잡히지 않기 위해 사소한 의사 결정까지 그에게 모두 맡기게 되었다고 했습니다.

후배는 자신에게 무엇보다 가장 버거운 것은, 상대의 기분을 예상하고 그에 맞춰 행동할수록 자신의 판단에 확신을 갖지 못하고, 스스로를 의심하게 되는 일상이라고 털어놓았습니다. 애인이 갑자기 침묵하면 '내가 혹시 실수한 것이 있나?' 하며 그와 주고받은 대화 내용을 복기하면서까지 자신의 말과 행동을 점검하고, '이렇게 말하면 그 사람이 기분 나쁘지 않을까?'라는 걱정에 자신의 언어를 검열하느라 몇 번이나 문자 메시지를 썼다 지웠다 반복해야 했으니까요.

계란 위를 걷는 것처럼 관계가 깨질까 봐 불안한 마음에 압도되면 우리는 자신의 행동과 생각을 스스로 제약합니다. 후배의 사례처럼 특정한 관계에서 느끼는 과도한 긴장감에 압도당하지 않기 위해서는 내 안의 불안을 증폭시키는 자발적인 생각과 행동을 알아차려야 합니다. 상대와 잘 지내려 했던 과도한 노력은 결국 나홀로 살얼음판을 걷게 만들 수 있습니다.

나와 상대를 분리하라

종잡을 수 없는 타인의 비위를 맞추는 사람은 상대가 느끼는 행복, 안정, 불안, 분노 등의 감정에 대한 책임을 자신의 몫으로 여깁니다. 그래서 상대의 반응에 일희일비하며 모든 책임을 내면화하고요. 나의 잘못된 행동이나 실수가 다른 사람을 기분 나쁘게 한다고 생각하기 때문에, 자신을 통제하면서 상대의 보호자나 간병인 역할을 자처합니다. 그렇게 모든 신경을 상대에게 집중시켰는데도 상대가 지속적으로 분노를 표출하고, 심지어 화가 난 이유와 화를 내는 방식이 매번 달라져 예측도 불가능해지면 깊은 무력감까지 느끼게 되지요.

하지만 감정은 개개인의 것이고, 누구도 이를 대신 책임져줄 수 없습니다. 출근길 지하철 연착으로 인해 어떤 이는 종일 짜증을 내며 피곤하게 보내지만, 또 어떤 사람은 금세 기분을 전환해 평범한 일상을 보내는 것처럼, 주어진 상황에 어떤 감정으로 반응할 것인지는 자신이 선택할 수 있는 문제입니다. 상대가 변덕스러운 감정 기복을 보인다면 더 이상 나의 행동에서 그 문제를 찾아 해결하려고 애쓰지 마세요. 그 사람이 정서적으로 불안정한 것뿐이니까요. 만약에 "너 때문에 짜증 나"라고 그가 나를 비난한다면 "왜 나에게 짜증 나는지 말해줄래?" 또는 "괜찮아?"라고 물으며 나와 타인의 책임을 구분해야 합니다.

연인, 가족, 친구처럼 가까운 관계를 지키기 위해 마음을 졸이는 사람들은 자신의 애정을 앞세워 상황을 억지로 받아들이기도 합니다. 상대가 나를 겁먹게 하는 폭언, 폭행과 같은 무례한 행동을 보일지라도 '원래 착한 사람인데 요즘 많이 피곤해서 그래'라며 상대를 대신해 그의 태도에 정당성을 부여하면서요. 또는 상대의 나쁜 행동을 아주 가끔 발생하는 일회성 이벤트인 것처럼 여기며 대수롭지 않게 상황을 넘기려고도 하지요.

안타깝지만 '내가 이 사람을 사랑하니까 더 감싸줘야지', '나 아니면 누가 이 사람을 이해해주겠어!'라는 선한 마음은 관계를 진전시키는 데 결코 빛을 발하지 못합니다. 문제 행동을 무조건 이해해주는 것은 상대가 스스로 문제를 깨닫게 하거나, 상대의 행동을 개선하는 데 전혀 도움을 주지 못합니다. 오히려 원하는 것을 얻기 위해 문제 행동을 더 반복하게 할 수 있습니다. 관계를 위해 희생하고 배려했지만 결국 나는 아무것도 얻지 못하게 되고, 상대의 그릇된 행동을 더 강화하게 되는 것입니다. 그러니 나를 위해서라도, 그를 위해서라도 더 이상 내가 감당할 필요 없는 책임을 짊어지려 애쓰지 마세요. 필요 이상으로 애쓰는 관계는 나도, 그도 더욱 아프게 만들 뿐입니다.

건강한 관계는 대화에서 시작된다

건강한 관계에서는 대화를 통해 갈등을 차근차근 풀어 나갈 수 있습니다. 상대에게 내 생각과 감정을 공유하는 것이 심리적으로 안전하게 느껴지기 때문이지요. 하지만 늘 노심초사하는 관계에 놓여 있으면, 평화가 깨질까 두려워 대화를 통해 문제를 해결하려는 부담을 굳이 감수하지 않게 됩니다. 참견하는 것처럼 보일까 봐 질문도 하지 않고, 고의적으로 갈등을 모른 척하거나 무조건 상대의 결정에 수긍하기도 합니다.

미국의 임상심리학자 마샬 로젠버그Marshall Rosenberg는 자신이 제안한 '비폭력 대화법'를 통해 관계에서 안전하게 나의 의견을 전달하고, 서로에게 공감하는 소통을 할 수 있다고 제안합니다. 슬기로운 대화의 기술을 잘 익혀 둔다면 상대가 아무리 나를 긴장하게 만들어도, 여유를 갖고 차분히 대처할 수 있을 것입니다. 더 이상 눈치 보지 않고 현명하게 나의 생각을 공유하기 위한 마셜 로젠버그의 4단계 대화법을 소개합니다.

1단계는 상황을 있는 그대로 관찰해서 실제 있는 사건에만 초점을 맞추는 것입니다. 만약, 친구가 연락도 없이 약속에 늦었다면 친구의 지각은 명백한 사실입니다. 따라서 친구에게 "너 오늘 늦었다"라고 말함으로써 상황의 불편함을 충분히 전달할 수 있는 것이지요. 그런데 우리는 여기에 자신의 해석과 평가를 곁들여 사실을 왜곡하고는 합니다. "오늘 나오기 싫었던 거야?", "나랑 한 약속은 안 중요해?"처럼요. 이런 표현은 상대를 억울하게 만들고, 오히려 상대의 미안한 감정마저 사라지게 만들 수 있으니 주의해야 합니다.

2단계는 나의 감정과 생각을 구별해서 말하는 것입니다. 친구가 약속에 늦었을 때 분노한 마음의 이면에는 '연락이 되지 않는 친구를 걱정하는 마음'이 더 컸을 수도 있습니다. 이때는 "네가 늦어서 걱정했어!"처럼 내 감정의 깊숙한 곳까지 들여다본 후 말하는 것이 좋습니다. 다만, 이때도 상대의 행동에 대한 나의 자의적인 해석이 담기지 않게 유의해야 합니다. "연락도 없이 늦으면 나를 무시하는 것 같아"라는 표현은 나의 감정이 아닌 상대의 행동에 대한 개인적인 생각이나 추측을 표현하는 것일 뿐이니 주의해야 하겠지요.

3단계는 내가 상대와의 관계에서 바라는 가치를 인식하고, 상대에게 그 중요성을 공유하는 것입니다. 만약 나에게 약속 시간을 지키는 것이 곧 '신뢰'라는 중요한 가치와 연결되는 것이라면, 친구가 약속에 늦었을 때 "연락도 없이 늦는 걸 보니 내가 너에게 중요한 사람이 아닌가 봐"라고 말하는 것보다 "나는 우리가 서로 약속을 잘 지키며 존중하기를 바라"라고 말하는 게 좋습니다. 이렇게 내가 중요하게 여기는 가치를 전달하면 상대도 내가 바라는 것을 이해하면서, 나의 말을 비난처럼 느끼지 않겠지요.

마지막 4단계는 자신의 요청 사항을 명확하게 전달하는 것입니다. 지각하는 습관이 있는 상대에게 "제발 늦지 마"라는 요청은 추상적이고 모호하게 들립니다. 대신에 "앞으로 출발할 때 미리 예상 도착시간을 서로 공유하자"라고 말하면 어떨까요? 상대의 행동을 비난하지 않으면서도 솔루션을 명확히 전달함으로써, 상대와의 갈등을 원만하게 해결할 수 있겠지요.

남이 던진 쓰레기를
주머니에 담지 마라

    친구에게 답답한 마음을 넋두리했을 뿐인데 숨통이 트이는 것처럼 느껴지는 순간이 있습니다. 탁한 공기로 가득 찬 방에서 창문을 열면 맑게 정화되듯 우리 마음도 때때로 환기가 필요합니다. 그래서 많은 심리 전문가들이 힘든 일이 있을 때는 혼자 끙끙대지 말고 주변 사람들과 함께 나누며 감정을 환기하라고 조언하지요. 다른 사람과 대화를 통해 내면에 쥐고 있던 부정적인 감정을 뱉어내면 마음이 진정되기 때문입니다.

    타인의 지지는 큰 위안이 됩니다. 타인과의 대화를 통해 감정을 환기해 평정심을 찾고, 조언도 얻을 수 있으니 우리는 마음이 불안할 때면 내 이야기를 들어줄 사람을 필요로 합니다.

'힘들 때 함께해주는 사람이 진짜 친구'라는 말처럼 서로의 어려운 마음을 함께 공감하고 나눌 수 있을 때, 우리는 상대와 더 깊어진 관계를 경험하지요. 하지만 한 사람이 부정적인 감정을 수시로, 일방적으로 쏟아내면 관계는 위태로워집니다. "나를 감정 쓰레기통 취급하는 사람 때문에 힘들다"는 괴로움을 호소하게 되는 것입니다.

어떻게 해야 타인과 감정을 공유하면서도, 타인의 감정 쓰레기통이 되지 않을 수 있을까요?

감정 환기와 투기를 구분하라

'그 사람은 나를 감정 쓰레기통으로 생각하나?'

혼란스러운 이 질문의 답을 찾기 위해서는 '감정 환기'와 '감정 투기'를 명확히 구분할 줄 알아야 합니다. 타인을 통해 감정을 환기시키는 것과 타인을 감정 쓰레기통 취급하여 감정을 투기하는 것은, 불편한 감정을 타인에게 드러낸다는 점에서는 비슷하지만, 그 방법이 엄연히 다릅니다.

감정의 환기는 자신이 느끼는 정서적인 불만족을 해소하기 위해 다른 사람과 '이야기를 나누는 것'입니다. 반면, 감정의 투기는 자신의 힘든 감정이나 생각, 트라우마를 일방적으로 발설하며 상대에게 '떠넘기는 것'입니다. 따라서 상대가 공유하는 날 선 감정들이 나에게 버겁고 괴롭게 느껴지기 시작한다면 상대가 나에게 감정을 투기하고 있는 것일 확률이 높습니다.

타인이 버린 감정들에 휩싸여 '감정 쓰레기통'으로 전락하고 싶지 않다면, 관계에서 서로가 부정적인 감정을 어떻게 처리하고 있는지 점검해야 합니다. 상대가 나에게 감정을 일방적으로 버리고 있는지 점검해볼 수 있는 질문들을 소개합니다.

① 우리의 대화는 어떻게 진행되는가?

감정 투기를 하는 이들은 하나의 주제에 꽂혀 있습니다. 예를 들어 상사와의 갈등이 있다면 대화 중 상사의 험담과 비난만을 반복적으로 쏟아내지요. 다른 이야기로 시작했을지라도 결국은 상사에 대한 분노로 이야기를 귀결시켜 동일한 사건과 감정에 강한 집착을 보입니다. 또 자신이 겪고 있는 충격적이거나 괴로운 사건에 대해서 상대에게 매우 생생하고, 구체적으로 알려주며 홀로 대화를 이끌어 가지요. 내 얘기를 듣는 사람의 표정, 반응, 감정에 개의치 않고, 자신의 말에 심취해 스스로를 가엾고 안타깝게 여기는 것이 대화의 전부입니다.

② 그 사람은 나에게 문제 해결을 위해 도움을 요청하고 있나?

힘든 마음을 털어놓은 뒤, 사람들은 "나 어떡하지?"라고 물으며 상대의 조언을 얻고, 어떻게든 해결 방법을 찾고자 합니다. 하지만 감정을 투기하는 이들은 자신의 부정적인 감정을 해소할 수 있는 해결책이나 조언을 구하지 않습니다. 그들은 그저 현재 자신이 느끼는 감정이 타당하다는 것을 확인하기 위해 상대에게 인정과 동의를 강요할 뿐입니다.

③ 그 사람과 대화를 끝낸 후 나의 기분은 어떤가?

불우한 어린 시절을 보낸 사람의 아픈 경험을 반복적으로 들으면 나 역시 안타까움을 넘어 무기력하고, 좌절감을 느끼게 됩니다. 부정적인 감정에 계속 노출되면 수치심, 우울과 불안감이 커지기도 하고요. 너무 지쳐서 상대의 대화를 피하거나 다른 이야기를 꺼내는 시도를 하면 이들은 "내가 너 아니면 누구한테 이런 얘기하겠어", "내가 오죽 답답하면 너에게 이야기하겠니"라는 말로 죄책감을 심어 계속 귀를 기울이게 만들기도 합니다.

왜 그들이 나를 찾는지 생각해보자

윤아 씨는 여동생에게 전화가 걸려 오면 '남자친구와 또 싸웠구나' 생각합니다. 그녀의 여동생은 자신의 연애에 불만이 있을 때마다 언니를 붙들고 몇 시간이고 부정적인 이야기를 쏟아냅니다. 그녀의 어머니도 마찬가지입니다. 윤아 씨가 집에 방문하면, "네가 오니깐 사람 사는 집 같다"며 윤아 씨에게 답답했던 이야기를 도돌이표처럼 반복합니다. 그렇게 윤아 씨의 주말은 가족들의 하소연만 듣다가 지쳐 끝나는 경우가 다반사입니다. 자신의 처지를 답답해하던 그녀가 저에게 물었습니다. "왜 다들 나만 찾을까요? 나에게 문제가 있는 것인가요?"

감정을 투기하는 사람은 자신의 이야기를 거절하지 않고 들어줄 만한 사람을 잘 골라냅니다. 그래서 '전용 감정 쓰레기통' 역할을 해주는 사람에게만 자신의 힘든 이야기를 비워냅니다. 만약 누군가 유독 나에게만 부정적인 감정을 쏟아낸다면 나의 어떤 특성이 그들을 끌어당기는지 확인하여 관계의 균형을 찾아가야 합니다. 내가 그들을 끌어당기는 특성을 가지고 있는지는 아래의 두 가지 질문을 통해 확인할 수 있습니다.

① 당신은 공감을 잘하는 사람인가요?

감정을 쏟아내고 싶어하는 사람은 그것을 스펀지처럼 받아들이는 이들, 즉 공감력이 뛰어난 사람에게 끌립니다. 공감력이 뛰어난 사람과 함께 있으면 자신의 이야기를 경청해주고, 마음을 헤아려 주니 어떤 이야기를 해도 이해받을 수 있으리라 기대하기 때문입니다. 이처럼 공감이 신뢰를 쌓는 필수 요소이기는 하지만, 공감의 '한계'를 설정해야 타인의 감정 쓰레기통이 되지 않습니다.

동료가 상사와의 갈등 이야기를 나에게 퍼붓는다면 처음부터 끝까지 이야기를 모두 들어주기보다는 "힘든 일이 있었네요"

라고 답하며 짧게 마음을 알아주고, "그런데 내가 그 상황을 몰라서 도움을 주기는 어려울 것 같아요"로 대화의 범위를 제한하거나 중립적인 주제로 방향을 바꾸는 게 좋습니다. 상대의 이야기에 담긴 감정에 압도당해 심적인 버거움이 느껴질 때는 "지금 이야기를 나누는 것이 나에게 많이 힘들어요. 나중에 얘기해도 될까요?"라고 솔직하게 나의 감정을 전하며 공감의 선을 그어주세요.

② 다른 사람을 기분 좋게 만드는 일에 책임감을 느끼나요?

앞선 사례에서 윤아 씨에게 왜 그냥 전화를 끊지 못하는지 묻자, 그녀는 언니로서 동생이 힘들 때 모른 척하면 미안한 마음이 들어서 그렇다고 했습니다. 이처럼 관계에서의 특정한 역할을 책임지는 것뿐만이 아니라 타인을 기분 좋게 만들어야 한다는 책임이 클 때 감정 쓰레기통을 자처하게 될 수 있어요.

잊지 말아야 할 것은 내가 그들의 힘든 이야기를 들어준다고 해서 그들의 기분이 나아지고 문제가 해결되지는 않는다는 것입니다. 감정을 투기하는 사람은 이야기를 통해 자신의 불안을 지속적으로 상기하게 되어, 오히려 부정적인 마음이 강해질 수 있습니다. '내가 들어주면 기분이라도 괜찮겠지', '내가 곁에 있어야지'라는 생각은 접어두고 내가 도와줄 수 있는 현실적인 부분을 정확히 제안하고, 만약 상대가 원하지 않으면 도움이 필요할 때 다시 요청하라는 메시지를 단호하게 전하는 게 좋습니다.

나도 감정 투기를 하고 있음을 알아차려라

저에게는 평소 속마음까지 편히 털어놓는 듬직한 후배가 있습니다. 그런데 어느 날, 그와의 만남 후 돌아오던 길에 저 혼자서만 말을 많이 했다는 사실을 깨달았지요. 후배가 저의 힘든 이야기를 다 들어준 덕분에 저는 마음이 한결 편해졌지만, 정작 후배의 근황을 제대로 묻거나 듣지도 않은 채 헤어졌던 것입니다. 저는 후배에게 정말 부끄럽고, 미안했습니다.

누구나 자신의 이야기를 털어놓을 때 자칫 방심하면, 의도하지 않더라도 저와 같은 실수를 할 수 있습니다. 이처럼 나의 경험, 생각, 감정을 일방적으로 과잉 공유하지 않기 위해서는 대화의 목적, 방향과 흐름, 상태를 수시로 점검해야 합니다. 다음의 세 가지 방법으로 우리의 대화를 점검해볼 수 있습니다.

첫 번째, '내가 이 경험을 상대에게 공유하는 이유는 무엇인가?'에 대해 생각해보세요. 나의 힘든 이야기를 꺼내서 상대의 동정이나 관심을 얻어 빨리 친밀감을 형성하기 위한 목적일 수도 있고, 나의 불안한 마음을 진정시키고 싶어서일 수도 있습니다. 대화에 숨겨져 있는 나의 의도를 인식한다면, 우리는 어떻게 더 건강한 방식으로 이를 해소할 수 있을지 그 방법을 찾을 수 있어요.

두 번째, '상대가 이 주제를 편하게 느끼는가?'를 점검합니다. 심각한 주제에 관한 이야기를 나누기에 적절한 시간, 장소, 대상인지 확인해보세요. 처음 만난 사람에게 다짜고짜 과거 상처를 꺼내거나, 회사 점심시간에 동료에게 이혼에 대한 고민을 털어놓으면 상대는 당황할 수밖에 없습니다. 대화를 시작하기 전에 지금이 내 이야기를 해도 괜찮은 적절한 시간과 공간 속에 있는지, 혹시 상대가 내가 공유하는 주제를 부담스럽게 느끼지는 않는지 먼저 물어보면 상대가 마음의 준비를 하고 대화에 임할 수 있습니다.

세 번째, '상대가 대화에 참여하고 있는가?'를 체크하세요. 일방적으로 나 혼자 대화의 지분을 다 차지하고 있다면, 상대에게 질문을 던지며 대화의 주도권을 넘겨야 합니다. 또한 같은 주제를 반복해서 말하며 상대를 지치고 무기력하게 하고 있는지 확인하고, 내가 털어놓은 문제에 대해 상대가 내게 조언을 해줄 때는 기꺼이 열린 마음으로 들을 수 있어야, 서로의 감정을 다치게 하지 않는 건강한 대화가 이루어질 수 있습니다.

무례하다는 건
마음이 불안하다는 증거다

"여기 음식은 너무 짜다, 먹을 게 없네!"라는 일행의 불만을 듣게 되면 음식을 맛나게 먹다가도 입맛이 떨어집니다. 내 잘못도 아닌데 식사 내내 눈치를 보느라 불편한 이 경험, 누구나 한 번쯤은 있지요. 한 사람이 던진 부정적인 말과 행동이 주변 사람들에게까지 확산되어 불편함을 느끼게 되는 이 현상을 심리학에서는 '잔물결 효과ripple effect'라고 합니다.

인간의 감정은 개개인의 독립적인 영역처럼 보이지만, 사실 우리는 타인과 서로의 감정을 모방하기도 하고, 서로의 감정에 전염되기도 합니다. 행복한 사람을 보는 것만으로 기분이 좋아지기도 하고, 우울한 이들과 함께 있으면 덩달아 힘이 빠지는

너를 미워할 시간에 나를 사랑하기로 했다

듯 느끼는 것이지요.

사람들에게 타인으로부터 감정이 전염된 경험을 떠올려 보라고 요청하면 대부분이 긍정적인 상황보다는 부정적인 상황을 상기합니다. 불평, 불만뿐만 아니라 질투, 후회, 죄책감, 패배감, 외로움에 대해 누군가가 나에게 토로하고 그 감정대로 행동할 때, 내 마음도 오염되었다고요. 시카고대학교의 존 카치오포John Cacioppo 석좌 교수는 부정적인 감정이 긍정 감정보다 더 쉽게 전염된다는 것을 연구로도 증명했습니다. 그는 공포와 슬픔과 같은 부정적 감정이 인간의 생존 본능에 깊이 연결되어 있는 만큼 긍정적 감정보다 더 쉽게 전염되고 동화된다고 설명했습니다. 마음의 평화를 위해 우리 곁의 부정적인 사람들을 어떻게 상대해야 할지 고민해봐야 하는 이유입니다.

불평 속의 불안을 찾아내라

세희 씨는 부정적인 태도의 시어머니 때문에 결혼 전부터 걱정이 많았습니다. 시어머니는 처음 인사 온 그녀에게 반가운 인사는커녕 "식장에 들어갈 때까지는 모른다"며 경계 섞인 말부터 건넸고, 이후 결혼 준비하는 과정 내내 사소한 것까지 지적했습니다. 세희 씨는 시어머니가 자신을 며느리로서 탐탁지 않게 여기는 것 같아 속상해했습니다.

하지만 시간이 지나고, 세희 씨는 시어머니의 퉁명스러운 태도의 원인이 자신에게 있는 것은 아니라는 사실을 알게 되었습니다. 시어머니 당신이 겪은 고된 결혼 생활 탓에 자식의 결혼에 대한 불안이 커, 세희 씨를 더욱 경계했던 것이었지요. 이렇게 시어머니의 속사정을 알고 나서야 시어머니에게 서운했던 감정이 조금은 누그러졌고요.

부정적인 사람들은 근본적인 '두려움'을 가슴에 품고 있습니다. 겉으로 내뱉는 불만 속에 깊이 감춰 놓은 불안이 존재하는 것입니다. 안타깝게도 이 두려움은 이들이 자신의 불안을 다른 사람에게 털어놓는 방법을 잘 모르거나 함께 나눌 사람이 없을 때 '분노'의 감정으로 확대됩니다. 이럴 때 '무엇이 이 사람을 부정적으로 행동하게 할까?'라는 호기심을 갖고 그들의 두려움을 이해해보는 것이 도움이 됩니다.

타인에게 무시당하는 것에 대한 두려움을 품고 있는 사람의 경우, 세상과 주변 사람들을 경계 대상으로 인식하기 때문에 그들의 진심 어린 칭찬과 격려에도 비판적이고 날 선 반응을 보이기 쉽습니다. 예를 들어 동료가 "이번 보고서 좋은데!"라고 칭찬을 건넸을 때 "그동안은 별로였다는 거야?"라고 날카롭게 반문할 수 있는 것이지요.

불확실성에 대한 두려움이 큰 사람은 자신의 미래가 암울할 것이라 믿기에, 시도하기도 전에 먼저 나쁜 결과를 예상하고, 그래서 소극적으로 행동하게 됩니다. 헤어진 상대와의 재회를 원

너를 미워할 시간에 나를 사랑하기로 했다

하지만, '어차피 다시 만나도 잘 안 될 텐데…. 굳이 만날 필요 없지'라고 마음을 접는 사례가 적절한 예입니다.

반면 자신을 비관하기보다 주변 사람, 외부 환경, 제도를 자주 지적하는 사람이라면, '통제감'에 대한 두려움을 가지고 있는 것일 수 있습니다. 흘러가는 삶을 스스로 조종하지 못한다고 느낄 때 찾아오는 공포감이지요. 그래서 이런 사람은 가까운 사람의 일거수일투족에 참견합니다. 가까운 사람을 집요하게 지적하고 그의 삶에 참견해 조종함으로써, 통제할 수 없는 상황에 대한 두려움을 일시적으로 해소할 수 있기 때문입니다. 내가 원하는 방식으로 관계나 사람이 움직였을 때만 자신의 인생이 안정감을 찾고 행복해질 것이라 믿기에 배우자에게 입는 것, 먹는 것까지 참견하며 까다롭게 행동하지요.

이렇게 상대의 날카로운 태도에 숨겨져 있는 나약한 마음을 들여다본다면, 상대의 행동을 이해할 수 있게 되고, 그 결과 관계에서의 갈등을 보다 현명하게 해결할 수 있습니다.

고쳐주려 하지 말고 보여주자

"부정적인 친구, 손절해야 할까요?" 은지 씨는 늘 불평불만만 쏟아내는 절친과의 우정을 지속해야 할지 고민했습니다. 그녀는 친구가 긍정적인 사고방식을 갖게 되길 바라며 곁에서 조언도 하고, 설득도 해봤지만 친구는 달라지지 않았습니다. 은지 씨는 변할 의지가 없는 친구에게 실망과 좌절감을 느껴 관계에서 벗어나고 싶어진 것이었지요.

이처럼 나와 가까운 사람들이 삐딱하게 세상을 보며 인생을 힘들게 만들고 있는 것처럼 보인다면, 안타까운 마음에 그들의 문제를 내가 해결해주거나 고쳐주고 싶어지기 마련입니다. 하지만 변화는 강요할 수 없으며 나는 결코 그들을 바꿀 수도 없지요.

그렇다면 비관적인 가족, 친구, 애인을 묵묵히 지켜만 봐야 할까요? 방법은 있습니다. 그들이 아니라 '내'가 변화의 주체가 되는 것이지요. 부정적인 사람에게 "좀 더 긍정적으로 생각해 봐!"라고 조언하는 대신 내가 직접 긍정적인 태도와 행동을 보여주는 겁니다. 친구가 애인의 단점에 대해 불평한다면 애인의 어떤 점이 좋아서 처음 사귀게 되었는지, 애인과 함께 보낸 즐거운 기억은 무엇이 있는지 물어봄으로써 긍정적인 방향으로 관점을 전환하도록 도와주는 게 좋습니다.

심리학자 존 가트먼John Gottman과 로버트 레번슨Robert Levenson은 긍정적인 상호 작용과 부정적인 상호 작용의 비율이 5:1일 때 안정적인 관계가 유지한다고 밝혔습니다. 1개의 부정적 상호 작용을 상쇄하기 위해서는 5개의 긍정적 상호 작용이 필요하다는 5:1 마법의 비율은, 우리가 부정적인 사람들과 더 잘 지내기 위해 일상에서 작은 긍정적인 순간을 자주 함께 나누는 것이 얼마나 중요한지 알려줍니다.

평소 부정적인 태도를 가지고 있는 상대에게 더 많은 인정과 감사를 표현하세요. 부정적인 사람은 다른 대상뿐만 아니라 자기 자신 역시 부정적으로 생각하기 때문에, 그의 긍정적인 면을 내가 알아봐 주고, 그것을 말로 상기해주는 것이 매우 중요합니다. 운동을 꾸준히 해서 건강해진 모습을 칭찬해줄 수도 있고, 맛있는 메뉴를 선정해준 것에 대한 감사를 전해도 좋습니다. 거창한 칭찬이 아니어도 좋으니 자주 표현해주세요.

동시에 나도 모르는 사이 내가 상대에게 전하고 있는 부정적인 상호 작용은 없는지도 살펴야 합니다. 그 사람의 불만이 듣기 싫어 그의 말을 은근히 무시하거나, "너의 불평불만 때문에 나도 하루 종일 짜증 나"와 같은 말투로 상대를 강하게 비난하며 방어적으로 대처하고 있지는 않은지 점검해보는 것이지요. 이 과정에서 우리는 타인의 부정적인 사고를 바꾸려면 결국 나부터 내 안의 부정적인 생각을 마주하고, 바꾸려 노력해야 한다는 것을 깨닫게 됩니다. 성숙한 태도로 부정적인 사람을 품을 수 있을 때, 그들도 서서히 긍정적인 태도로의 변화를 시작할 수 있습니다.

부정적인 뇌에 속지 마라

"더 이상 그 사람과의 미래가 좋게 그려지지 않아요." 태희 씨는 여자친구와 크게 다툰 후부터 관계가 전과 같지 않다고 했습니다. 2년간 만나며 분명 좋았던 순간이 많았는데도 자꾸 부정적인 생각들에만 머무르게 되어 괴롭다고요. 이는 태희 씨만 유별나게 겪는 문제가 아닙니다. 인간은 즐거운 기억보다 고통스러운 경험을 더 오래 기억하고, 그것에 집착하는 특성이 있습니다. 바로 '부정적 편향'이라는 뇌의 작용 때문이지요.

부정적 편향은 심리학자 폴 로진Paul Rozin과 에드워드 로즈맨Edward Royzman이 처음 제안한 개념으로 우리의 뇌가 긍정적인 정보보다 부정적인 정보에 더 민감해, 이에 근거한 판단을 내리기 쉽다는 개념입니다. 부정적 편향은 인간을 위험으로부터 보호하기 위해 진화했다고 알려져 있지만, 아이러니하게도 긴밀한 관계에서는 오히려 위험을 초래하기도 합니다.

"한 번 배신했는데 두 번을 못 하겠어?", "어차피 너도 나를 좋아하지 않잖아", "그 사람도 우리가 끝나기를 바라고 있을 거야!", "애가 없었다면 우리는 바로 이혼이었어!"처럼 최악의 상황을 미리 예측하고는 툭툭 내뱉는 말을 가까운 관계에서 종종 듣게 됩니다. 상대가 우리 관계를 부정적으로 생각할 것이라 단정 짓고 긴장 태세를 갖추는, 부정적 편향에 취약한 사람들이 보이는 모습이지요. 가까운 관계에서 상처받았던 경험이 있는 사람일수록 새로운 사람을 만나고, 관계를 유지할 때 부정적인 편견이 더 강해져 스스로를 방어적으로 만들기도 합니다.

너를 미워할 시간에 나를 사랑하기로 했다

이렇게 당신 곁의 누군가가 과거의 불행한 경험을 근거로 미래의 불행을 예측하고 대비하며 자신의 마음을 힘들게 만들고 있다면, 인간이 갖고 있는 부정적 편향의 본성에 대해 설명해주세요. 나도 모르는 사이 내 안에 자란 부정적인 편견이 나에게 다가온 행복을 어떻게 막아왔는지, 좋은 사람을 어떻게 밀어내왔는지 깨닫는 것이 부정적 편향에서 벗어나는 첫 번째 단계니까요.

가까운 사이일수록
선을 지켜라

"가만히 있으니까 가마니인 줄 아나?" 이것은 내가 상대의 말과 행동을 참고 배려하고 있는 줄도 모르고 기어코 '선'을 넘어 버리는 사람들에게 내뱉게 되는 말입니다.

잘해줬더니 나를 만만하게 여기고, 친해지면 내게 무례해지고, 나의 이해심마저도 당연하게 여기는 선 넘는 사람들 때문에 우리는 자주 화가 납니다. 그런 경험이 여러 번 거듭되고 나면, 더 이상 상처받지 않기 위해 내 주변에 벽을 세우게 되기도 하지요. 그러다 보면 어느새 나는 의도치 않은 철벽남, 철벽녀가 됩니다. 어쩌다 다시 용기를 내 다시 누군가와 친해지며 서서히 벽을 허물다가도, 또 누군가에게 만만한 사람으로 대해지는 경

너를 미워할 시간에 나를 사랑하기로 했다

험을 한 뒤 다시 벽을 세우기를 반복하게 되지요.

　나의 경계를 사수하는 것은 참 어렵지만, 반드시 해야만 하는 일입니다. 미국심리학회는 경계boundary를 개인의 '온전함'을 보호하기 위한 현실적인 제한을 설정하도록 돕는 심리적 구분으로 정의합니다. 쉽게 말해 내 마음의 안전을 위한 울타리를 치는 것이지요. 나와 타인 사이의 경계를 분명히 해야 나와 타인을 구분하고, 책임의 범위를 나누고, 타인의 요구를 내가 허용하거나 거절할지를 결정할 수 있습니다.

　인간이라면 모두 자신만의 경계를 가지고 있습니다. 하지만 그 경계를 엄격하게 지키지는 못합니다. 선 긋기에 대한 '두려움' 때문입니다. 타인에게 내가 '용납할 수 있는 것'과 '용납할 수 없는 것'의 기준을 전하면, 그에게 매우 이기적인 사람으로 비치지 않을까 하는 걱정에서 비롯하는 두려움이지요.

　하지만 경계 관리는 선택이 아닌 필수입니다. 내 마음의 평온뿐만 아니라 관계의 안정감을 위한 것이기도 합니다. 나와 오랫동안 좋은 관계를 유지하는 지인들을 떠올려보세요. 친할수록 서로 지킬 것은 지키며 안전한 거리를 유지하고 있지 않나요? 이처럼 너무 가깝지도, 너무 멀지도 않은 거리를 유지하는 관계가 단단하게 오래 갑니다. 경계를 어떻게 관리해야 할지 막막하더라도 걱정하지 마세요. 나를 지키고 타인을 배려하는 선 긋는 법은 얼마든지 배울 수 있으니까요.

선에도 종류가 있다

서로의 선을 지키는 것이 어려운 이유는 도로에 그려진 경계선과 달리, 마음의 경계는 눈에 보이지 않기 때문입니다. 경계는 내가 소유한 물건이나 공간처럼 명확하게 눈에 보이는 내 소유물을 타인의 것과 구분하는 것뿐만 아니라, 나의 추상적인 시간, 감정, 생각을 보호하며 나를 감싸고 있습니다.

이러한 경계의 여러 유형을 미리 알아둔다면 나와 타인의 선을 더 뚜렷하게 인지할 수 있습니다. 또한 관계별로 내가 어떤 영역을 허술하게 관리하고 있는지, 또는 과하게 높은 장벽을 쌓고 있는 것은 아닌지 점검도 가능합니다. 예를 들어 내가 부모님과 공간적으로 독립해 물리적인 거리는 유지하고 있지만 감정은 여전히 얽혀 있다는 사실을 발견한다면, 감정적인 경계 영역을 내가 허술하게 관리하고 있고, 그 경계를 보완해야 한다는 결론을 내릴 수 있겠지요. 이제부터 우리의 삶에서 쉽게 허물어지기 쉬운 시간, 물리, 감정 경계와 관리법을 공개합니다.

① 시간 경계

시간 경계는 내가 삶에서 시간을 투자해야 하는 요소에 우선순위가 존재함을 이해하는 일입니다. 시간 경계가 분명하면 일, 관계, 휴식 중에서 어떤 것을 더 우선적으로 선택하고 집중해야 하는지에 관한 효율적인 기준을 세울 수 있습니다.

우리는 퇴근 이후에 추가 업무 요청을 하는 상사, 갑자기 약속을 취소하는 친구, 예정된 시간보다 길게 진행되는 회의, 투입한 시간 대비 정당한 대가를 받지 못하는 일들 때문에 내 시간을 빼앗기는 경험을 자주 합니다. 삶의 여러 방해물로부터 내 시간을 보호하고, 나의 의지대로 시간을 활용하기 위해서는 핸드폰의 '방해금지모드' 상태처럼 온전히 나에게만 집중하는 시간을 마련해 두고, 만나는 사람과 목적에 따라 내가 투자할 수 있는 최소, 최대 시간의 범위를 정해야 합니다. 만약 다른 사람의 요청으로 나의 시간을 들여 지식이나 기술을 제공하는 일을 하게 된다면, 내가 받아야 하는 정당한 비용을 책정해 나의 가치를 보호함으로써 시간 경계를 사수해야 합니다.

② 물리 경계

말도 없이 집으로 찾아오는 애인, 독립 후에도 집 비밀번호를 공유하라는 부모님, 노크도 없이 내 방의 문을 여는 동생, SNS 비밀번호를 서로 공유하자는 배우자, 스킨십을 자주 하는 동료들 때문에 긴장감과 부담감을 호소하는 이들이 참 많습니다. 자신의 물리적 경계가 위협받고 있기 때문이지요.

물리 경계는 마음뿐만 아니라 내 몸의 휴식과 안정을 유지하도록 돕습니다. 우리는 개인의 공간을 충분히 확보하고 타인과 불필요한 신체 접촉을 제한하는 행동을 통해 내 몸이 필요로 하는 식사, 휴식, 수면 등에 대한 자율성을 가질 때 스스로를 안전하게 보호할 수 있습니다. 따라서 물리 경계를 잘 지키기 위해서는 내 신체와 공간에 대한 '잠금 상태'를 분명하게 유지해야 합니다.

내 집 현관 비밀번호를 타인에게 공유하거나, 타인을 초대하는 일에 엄격해져야 합니다. 가족, 친한 친구처럼 나의 공간을 공유할 수 있는 사이일지라도 '허락 없이 방에 들어가지 않기'와 같은 규칙을 세워 두어야 나의 프라이버시를 보호할 수 있습니다.

또한 평소 이성 및 동성 사이에서 피하고 싶은 스킨십의 기준을 정해 두거나, 친밀도에 따른 나만의 기준을 만들어 두는 것도 도움이 됩니다. 만약 동성 동료들과 팔짱을 끼거나 포옹하는 것이 나에겐 부담스럽다면, 그들이 해당 스킨십을 요청할 때 악수로 대체하는 것이 좋겠지요.

③ 정서 경계

자신의 불만, 짜증, 분노를 일방적으로 쏟아내며 타인을 감정 쓰레기통 취급하는 사람들이 있습니다. 반면 상대의 기분에 따라 함께 감정 기복을 겪고, 타인을 기쁘게 하기 위해 자신을 희생하는 이들도 있지요. 정서 경계가 빈약해 나와 타인의 감정이 분리되어야 한다는 것을 인식하지 못해서입니다.

온전하게 나의 감정을 지켜내기 위해서는 먼저 현재 내 감정 상태를 알고 타인과 소통해야 합니다. 내가 심리적으로 불안정하다면 "나중에 이야기해도 될까?" 또는 "아직 대화할 준비가 되지 않았습니다"라고 상대에게 전하며 대화의 시점을 조정해야 합니다.

또한 상대가 토로하는 감정에 압도당하는 느낌이 들 때는 대화를 잠시 중단하거나 가벼운 주제로 전환해서 상대로부터 받아들이는 감정의 양을 제한하는 것이 좋습니다. 상대가 나의 불안을 자극하는 경험이나 화제에 대한 이야기를 꺼낸다면, "그 이야기는 더 이상 하고 싶지 않아요"라고 명확히 선을 그어야 합니다.

나의 한계를 찾고 공유하라

다른 사람에게 '선 넘지 마!'라며 경고하고 싶었던 순간을 되짚어 보면, 그 순간은 바로 '더 이상 참지 못할 때'였음을 알 수 있습니다. 친구들이 나에 대해서 비웃는 것까지는 감수할 수 있어도 나의 가족을 비난하면 참지 못하고 분노하게 되는 것처럼요.

타인으로부터 나를 지키는 기준을 만드는 일은 이처럼 내 안의 '한계'를 인식하는 것부터 시작합니다. 한계는 내가 좋아하는 것과 싫어하는 것, 내게 허용되는 것과 허용되지 않는 것을 구분해줍니다. 냄비의 물이 서서히 끓어 가면서 소리가 나듯 우리 몸도 특정 상황에 다다르면 한계에 임박했다는 알림을 보냅니다. 저는 타인에게 존중받지 못한다는 생각이 들면 심장이 빨리 뛰고, 양볼에 열감을 느끼며 손에 땀이 납니다. 그래서 대화 중에 이런 변화가 감지되면 마음이 한계에 임박했다는 것을 깨닫고, 타인의 이야기에 더 신중하게 반응하게 돼요.

우리는 경계를 허무는 무례한 상대와 대화를 다 마치고 난 뒤에야, '내가 어디까지 참아 줘야 해?'라며 뒤늦게 혼자 분노하곤 합니다. 하지만 이 질문에 대한 답은 사실 상대가 아닌 내 안에 있습니다. 내 마음을 들여다보며 나의 경계선을 확인하고, 그것을 상대에게 알려줘야 하는 것이지요.

먼저 내가 관계에서 중요하게 여기는 것을 떠올려 보고 이를 위해 상대가 꼭 지켜줬으면 하는 기준을 정해보세요. 그리고 내키지는 않지만, 적당히 양보할 수 있는 상황이나 행동에 대해서도 고민해보세요. 마지막으로 '절대로 용납할 수 없는 상황이나 상대의 행동은 무엇일까?'라는 질문에 답해보면, 가장 솔직한 나의 한계점을 마주할 수 있습니다. 예를 들어 연인을 위해 나의 오랜 취미 활동을 포기할 수는 있어도, 연인에 의해 나의 가족이나 친구를 못 만나게 되는 것은 용납할 수 없다면, 그 지점이 바로 나의 한계점인 것입니다.

어디까지 내가 참을 수 있는지를 정했다면, 이제 다른 사람에게 명료하게 알려줘야 합니다. 경계를 분명하게 말로 전하는 것이 중요한 까닭은 우리는 저마다의 생각, 감정, 욕구를 바탕으로 기준을 정하기에, 상대에게 말로 직접 알려주지 않으면 각자의 경계를 알 수 없기 때문입니다. "지금부터 20분 동안만 이야기 나눌 수 있습니다", "종교 이야기는 부담스럽게 느껴지니 다른 이야기를 해도 될까요?", "저는 퇴근 시간 후에는 통화가 어렵습니다", "저는 처음 만난 사람과는 말을 놓지 않습니다" 등이 일상에서 분명하게 나의 선을 알려주는 말들입니다.

상대에게 분명히 나의 선을 전했는데도 빈번히 선 넘는 일이 발생할 수 있습니다. 이때는 일관되고 단호한 말과 행동을 보임으로써 허술해진 경계를 수리해야 하겠지요. 예를 들어 늦은 밤 연락은 받지 않겠다고 전하고서는 "그래도 가끔 힘든 일 있으면 늦게라도 연락 줘"라고 덧붙인다거나 한밤중의 연락에 바로 응답하는 행동은 상대를 헷갈리게 할 수 있으니 피하는 것이 좋습니다.

3장

—

참는다고
나아지는 관계는 없다

오래 만났다고
평생 인연인 것은 아니다

"코치님에게 가장 친한 친구는 누구예요?"라는 질문을 받은 적이 있습니다. 여러 친구들이 머릿속을 스쳐 지나갔지만 선뜻 누군가의 이름을 꺼낼 수는 없었습니다. '친한 친구'의 정의가 새삼 모호하게 느껴졌기 때문이었습니다.

제게는 오랜 시간 만남을 이어오고 있지만 정작 고민은 나누지 않는 관계도 있고, 어쩌다 한번 연락해 속마음을 털어놓기는 하지만 평소에는 연락이 뜸한 친구도 있습니다. 만난 기간은 짧아도 깊은 친밀함을 느끼는 이도 있고, 나이 차이가 많이 나는 선후배이지만 또래 친구보다 오히려 편하게 느낄 때도 있습니다.

그리고 지금은 이런 관계를 유지하고 있다고 해도, 1년 후, 3년 후에도 그 사람과의 관계가 지금과 같을지도 확신이 서질 않습니다. 지금보다 더 멀어지는 사람도 있을 것이고, 가깝게 느껴지는 친구도 있겠지요. 그래서 '친한 친구'라고 이름 붙일 수 있는 사람을 섣불리 정할 수 없었습니다.

40대를 앞두고서야 내 곁에 사람들이 오고 가는 일에 조금은 익숙해진 것 같습니다. 저처럼 많은 사람들이 우정의 의미나 대상이 변화하는 것을 뒤늦게 눈치채고 당황스러워합니다. 시작과 끝이 분명한 연인 간의 사랑과 달리 친구 사이의 우정은 변하지 않는 것으로 여겨 왔기 때문이겠지요. 하지만 세상의 모든 것이 그러하듯, 우정 역시 변화합니다. 우리에게는 소중했던 누군가와 멀어지는 것을 받아들이는 용기가 필요합니다.

변하는 것이 당연하다

매해 제 생일이 돌아올 때면 가장 기다려지는 연락이 있습니다. 열두 살에 처음 만나 '영원한 짝꿍'이라며 우정을 맹세했던 친구 정미의 축하 인사입니다. 고등학교 때까지 같은 지역에서 자라며 자매처럼 항상 함께 붙어 다니던 정미는 저에게 처음으로 우정의 의미를 알려준 친구였습니다.

하지만 스무 살 이후 서로의 일상이 달라지며 서서히 연락이 줄었고, 전처럼 자주 만나지도 못했습니다. 정미의 옆자리는 늘 내 것이라고 생각했는데 그녀에게 애인이 생기고, 다른 친구들과 어울리는 것을 보면서 질투도 하고, 서운해하기도 했었지요.

하지만 나를 둘러싼 모든 것은 변한다는 사실을 인정하고 나니 우리의 변화도 지극히 자연스러운 것임을 깨닫게 되었습니다. 지금 저와 정미는 서로의 생일에만 안부를 주고받습니다. 그렇다고 우리의 관계가 멀어진 것은 아닙니다. 각자가 무슨 고민을 하고, 어떻게 살고 있는지 시시콜콜 공유하지는 않지만, 우리는 말하지 않아도 알고 있습니다. 그 시절을 함께 보낸 가장 순수하고 진실된 우정이 언제나 서로를 지지하고 있다는 것을 말입니다. 그래서 저는 친구 정미를 생각하면 여전히 마음이 따뜻합니다.

어떤 관계든지 변화는 피할 수 없습니다. 나이가 들며, 우리가 우정을 통해 충족하고자 하는 가치가 달라지기 때문이지요. 어릴 적에는 일거수일투족을 공유하는 말벗을 원했지만, 성인이 된 후에는 가끔 만나 취미 활동을 함께 즐기는 친구를 원하거나, 고민에 대한 조언을 해줄 사람이 필요해지는 것처럼 말입니다.

우리는 변화하는 우정의 의미를 통해 내가 원하는 관계는 물론, 나라는 사람에 대해서도 알 수 있습니다. 우정의 의미가 변했듯 나 역시 변화했다는 사실을 인정하게 되고, 따라서 관계의 변화도 더 자연스럽게 수용할 수 있게 됩니다.

인연의 소비기한을 알려주는 신호가 있다

태형 씨는 오래된 단짝 친구와의 만남이 더 이상 편하지 않아 마음이 무겁습니다. 어릴 적부터 같은 동네에서 함께 커온 단짝 친구에게 거리감을 느끼는 자신을 발견하자 당황스럽고, 죄책감마저 느껴집니다. 이처럼 둘 사이에 다툼이나 특별한 사건이 있었던 것이 아닌데도 불현듯 상대에게 거리감을 느낄 때가 있습니다. 하지만 불편한 마음을 애써 무시하며 습관적으로 관계에 머무르려 하지요. 하지만 오래 알고 지냈다고 해도 관계는 변화할 수 있습니다. 오래된 인연을 이제는 놓아줄 때가 되었음을 알려주는 신호를 몇 가지 소개합니다.

오랜 우정이 흔들리는 가장 대표적인 이유는 서로의 공통점이 사라졌기 때문입니다. 같은 일상을 공유하던 우리가 성장하며 서로 다른 인생의 길로 접어들게 되고, 그 결과 인생의 목표, 생활 방식, 가치관 등이 달라져 각자가 가진 고민의 주제와 깊이도 달라지는 것이지요.

서로 다른 삶을 살기 때문에 같은 관심사를 유지하기가 어렵고, 서로의 이야기에 공감하기도 어려워집니다. 이렇게 공감대가 약해지면, 표면적인 대화만을 이어가게 됩니다. 민감한 주제를 꺼내지 않게 되는 것 또한 친구와 생각의 결이 달라져, 더 이상 민감한 대화를 나누는 것이 안전하지 않게 느껴지기 때문입니다.

두 사람의 대화가 과거의 시간에만 머물고 있지는 않은지도 확인해보세요. 대화를 이어가기 위해 지나간 추억들을 의무적으로 회상하고 있지는 않나요? 애써 과거 이야기에 관심 있는 척 노력하지만, 떠올리고 싶지 않은 기억들과 마주하거나, 미성숙한 내 모습만 확인하게 되어 대화 후에 깊은 공허함만 남고 있지는 않은지 점검해보세요. 지금이 관계를 끝내야 할 타이밍인지를 확인할 수 있습니다.

이전에는 자연스러웠던 것들이 어색하게 느껴지는 순간에도 주목해야 합니다. 장난처럼 서로 주고받던 비속어가 불쾌해지고, 대수롭지 않게 여겼던 연예인 가십이나 타인에 대한 험담에 이제는 가담조차 하고 싶지 않은 것처럼요. 나는 건강한 생활을 결심하고 금연, 금주를 실천 중인데 친구들을 만나면 어쩔 수 없이 이전의 나쁜 습관으로 돌아갈까 봐 두렵고, 친구들이 나의 긍정적인 변화를 응원해주기보다 "너 변했다"며 핀잔을 준다면, 안타깝게도 더 이상 함께 성장할 수 없는 관계가 되었음을 의미합니다.

때로는 멀리 떨어져 있어라

"코치님, 친한 친구가 한심하게 느껴질 때는 어떻게 하나요?" 30대 후반의 직장인 성민 씨가 물었습니다. 성민 씨는 입사 후 영어 공부와 운동을 지속하며 자기 관리를 게을리하지 않고, 대학원 수업까지 병행해 가며 지금보다 더 성장하기 위해 최선을 다하는 사람이었습니다. 반면 친한 대학 동기는 인생의 목표도 없고, 여전히 20대처럼 술과 게임에 빠져 있어 볼 때마다 답답하고 화가 치민다고요.

우리는 내가 친구보다 사회적, 경제적 성취를 더 이뤘을 때뿐만 아니라 친구가 인격적으로 미성숙하게 느껴질 때 역시 성장의 격차를 실감합니다. 힘든 성장통을 겪는 친구에게 조언도 해보고, 아낌없는 도움도 줘 보지만, 친구가 늘 제자리에 머무른다면 크게 실망하게 되지요. 동시에 그 친구를 반면교사 삼아 자신의 삶에 안도감이나 우월감을 느끼기도 합니다.

하지만 우리가 삶에서 많은 것을 이루어 가고 있고, 성장하고 있다고 해서 친구보다 더 나은 삶을 살고 있다고 단정지을 수는 없습니다. 사람들은 각자의 속도와 방식으로 삶을 살아가는 것이니까요. 불안해 보이는 친구를 걱정하고 염려할 수는 있지만 내 기준으로 한심하다고 단정지어서는 안 됩니다. 결국 나의 속마음은 말과 행동으로 새어 나와 친구를 무시하거나 비난하게 돼서 의가 상할 수 있습니다.

그렇다고 해서 안타까운 마음을 꾹꾹 눌러가며 곁에 있는 것은 나에게 이롭지 못합니다. 이럴 때는 친구와의 인연을 당장

너를 미워할 시간에 나를 사랑하기로 했다

끊어내는 대신, 조금 느슨하게 유지하는 것도 방법입니다. 친구와 조금 멀리 떨어져서 그의 인생을 마음속으로만 응원해주세요. 지금 당장은 실망스러워도, 훗날 근사하게 성장한 그가 나와 마음이 잘 맞는 최고의 친구가 될 수도 있으니까요.

관계에도
휴지기가 필요하다

상대와의 어려운 대화를 가장 쉽게 피할 수 있는 말이 있습니다.

"생각할 시간이 필요해."

관계를 정리해야 하거나 상대의 잘못을 용서해야 할 때, 또는 상대의 말과 행동에 확신이 없을 때 등 관계의 결정적 순간을 맞이하기 전, 우리는 그 사람에게 '생각할 시간을 갖자'라고 제안합니다. 이 제안은 당장 결론을 내려야 한다는 압박감을 일시적으로 피하게 해주지만, 막상 그 시간이 주어지면 어떻게 보내야 할지 막막하게 느끼는 이들도 많습니다. 생각을 차일피일 미루는 사람도 있고, 마음의 갈피를 잡지 못해 더 혼란스러워지

너를 미워할 시간에 나를 사랑하기로 했다

는 사람도 있습니다. 반면 일찌감치 결론을 내리고, 그 결론을 뒷받침하는 타당한 이유를 만들고 정리하며 시간을 보내는 사람들도 있지요.

만약 내가 '우리 생각할 시간을 갖자'라는 말을 들은 당사자라면, 그 말을 한 사람일 때보다 더욱 초조해집니다. 관계가 이렇게 끝나는 것은 아닐지, 상대의 진짜 본심이 무엇인지, 상대의 결정만 기다리며 아무것도 할 수 없는 무력감에 빠져 답답하고 막막하기도 합니다.

하지만 관계에서 생각할 시간을 갖는 것이 반드시 헤어짐을 뜻하지는 않습니다. 관계의 실패를 의미하는 것도 아닙니다. 두 사람이 함께하는 여정에 잠시 일시정지 버튼을 누르고 나와 상대에 대해 고민하는 시간을 갖는 것은 오히려 관계의 터닝포인트가 되기도 합니다. 지금부터 관계에서 '생각할 시간'을 가지는 동안 우리에게 필요한 마음가짐을 알려드리겠습니다.

생각할 시간의 타이밍을 맞춰라

관계에서의 휴식을 위기가 아닌 기회로 만들기 위해서는 어떻게 해야 할까요? 우선 생각할 시간이 필요한 시기를 알려주는 신호들을 놓치지 말아야겠지요.

'우리는 왜 항상 같은 문제로 싸우지?'라는 의문이 자주 든다면 서로 다른 가치관, 성격, 취향 등이 부딪혀 좁힐 수 없는 의견 차이가 존재하는 것입니다. 따라서 잦은 다툼의 근본적 원인은 무엇인지, 이 격차를 어떻게 극복할 수 있는지에 대한 고민이 필요해요. 또한 '왜 나만 항상 참아야 하지?'라는 불편한 마음이 계속 든다면 일방적으로 희생을 요구받거나 관계의 불균형 상황이 지속되고 있는 것이므로 점검, 즉 생각할 시간이 필요한 때입니다.

상대에게 기대하는 것이 점점 없어지거나, 잠깐의 고민으로는 쉽게 해결할 수 없는 문제를 마주했을 때 역시 찬찬히 관계를 돌이켜 봐야 하는 시기일 수 있습니다. '그 사람과 함께하는 미래가 그려지지 않아'라는 고민으로 마음이 복잡해질 때, 어떻게든 함께 대화로 풀어보려 애쓰기보다는 차라리 각자 잠시 숨을 고르는 것이 오히려 도움이 됩니다. 쉬는 시간을 미룰수록 마음은 지쳐가고, 순간의 상황이나 일시적인 감정에 떠밀려 섣부른 결정을 할 수도 있기 때문이지요.

반대로 관계의 휴식이 도움이 되지 않을 때도 있습니다. 홧김에 돌발적으로 또는 상대에게 겁을 주기 위한 수단으로 활용하는 것은 피해야 합니다. 둘 중에 한 명이라도 정서적으로 불안정할 때도 마찬가지입니다. 정서적으로 불안정한 상황에서는 관계를 이성적이고 논리적으로 생각하기 어렵기 때문에 휴식을 취하면 오히려 오해가 커질 수도 있습니다.

가장 최악의 타이밍은 '생각할 시간을 갖자'로 이별의 말을

너를 미워할 시간에 나를 사랑하기로 했다

대신할 때입니다. 이미 이별을 결심하고선, 미안한 마음 때문에 관계의 일시정지를 누른 채 시간만 끄는 것은 상대에게는 희망 고문이나 다름없고, 더 큰 상처를 줄 수 있으니 피해야 합니다. 요컨대 관계의 휴식을 긍정적으로 활용하기 위해서는 지금이 두 사람 모두에게 도움이 될 타이밍인지를 먼저 꼼꼼하게 따져 보아야 합니다.

상대가 아닌 나 자신에게 집중하라

연인에게 '생각할 시간을 갖자'라는 말을 듣고 저에게 상담을 요청하는 많은 이들의 궁금증은 크게 3가지로 정리됩니다. 첫째 '그 사람은 저와 헤어지고 싶어서 생각할 시간을 갖자고 한 것일까요?', 둘째 '생각할 시간 동안 그냥 기다리면 될까요?', 셋째 '그 사람 SNS는 그대로인데 무슨 심리일까요?'입니다. 이 질문들의 공통점을 눈치채셨나요? 바로 상대의 속마음을 꿰뚫어 보기 위해 전전긍긍하느라 정작 관계나 자신에 대한 고민은 전혀 하지 않는다는 것입니다. 상대는 나에게 우리 관계에 대해 진지하게 고민해보자고 제안했지, 자신의 마음을 알아맞춰 보라고 한 것이 아닌데 말입니다.

관계의 휴식 시간은 상대의 마음이 아니라 내 마음에 집중해야 할 때입니다. '나는 이 관계에 정말 만족하고 있는지', '무엇을 바꿔야 지금의 위기를 극복할 수 있을지', '현재 우리가 충돌하고 있는 부분이 서로의 노력으로 개선할 수 있는 것인지' 등에 대해 치열하게 고민해야 합니다. 또한 상대와 맞춰 가는 것이 나에게 정말 행복한 여정일지도 생각해봐야겠지요. 이렇게 내 마음의 소리에 귀 기울일수록 불안하고 조급한 마음이 진정될 겁니다. 상대에게만 쏟았던 에너지를 나에게로 집중시킬 수 있으니까요.

시간을 갖고 상대의 입장에서 관계를 다시 생각해보면, 비로소 내가 생각 없이 저질렀던 실수나 무심코 상대를 힘들게 했던 행동을 깨달을 수도 있습니다. 이런 깨달음을 얻는다면, 다시 만났을 때 진심으로 사과하고 관계를 개선할 용기를 얻을 수도 있겠지요.

단, 내 마음에 집중해야 한다고 해서 주구장창 생각에만 빠져 있어서는 안 됩니다. 새로운 운동, 취미 활동을 시도하거나, 평소 소홀했던 친구, 가족 등과의 만남을 늘리면서 일상의 중심을 잡아야 마음이 환기되어 더 건강한 결론을 내릴 수 있습니다.

생각의 마감 기한을 정하라

생각할 시간을 갖기로 결정한 커플들이 가장 많이 하는 실수는 생각의 마감 기한을 정하지 않는 것입니다. 마감 기한이 없는 휴식 기간은 상황을 애매모호하게 만들어 당사자들에게 더 큰 불안을 유발하기도 합니다. 따라서 '생각할 시간을 갖자'고 제안할 때는 마감 기한도 두 사람이 함께 상의해 두어야 합니다.

가장 일반적인 기한은 짧게는 일주일, 길게는 한 달 사이의 휴식입니다. 평소 의사결정을 하는 데 시간이 많이 걸리는 성향이라면 기간이 더 필요할 수도 있고, 시간 제한에 대한 압박감이 크게 느껴져 오히려 생각에 집중하기가 어렵다면 두 사람이 상의해 마감 일정을 더 연장할 수도 있습니다. 다만 3개월 이상으로 휴식기가 길어진다면 이별로 이어지기 쉬우니, 마냥 길게 일시정지를 누르고 있는 것은 피해야 합니다.

마감 기한을 정했다면, 그 시간 동안 서로 어떻게 행동해야 할지도 생각해봐야겠지요. 완전히 서로 연락을 차단하고 지낼 것인지, 연락을 주고받는다면 언제, 어떤 방식으로 유지할 것인지도 고민해봐야 합니다. 현재 같은 공간에서 함께 지내고 있다면 서로의 공간을 분리할 것인지에 대한 합의도 필요합니다. 그 기한 내에 기념일이나 상대의 생일, 함께 만나온 가족, 지인의 행사라도 있으면 전처럼 함께 챙겨야 할지, 모른 척 넘어가야 할지 난감해질 수 있으니 이 역시 미리 상의해 두어야 합니다. 이렇게 서로 떨어져 지내는 동안 우려되고 모호한 상황을 솔직히 물어보고 의견을 좁혀 나가야 그 시간을 더 생산적이고, 의미 있는 시간으로 만들 수 있습니다.

시험 공부 중 어려운 문제를 마주했을 때를 떠올려보세요. 책상에 앉아 종일 씨름할 땐 도무지 답이 나오지 않다가, 잠시 바람을 쐬고 들어온 뒤 더 쉽게 답을 찾았던 경험이 있을 것입니다. 운동 중에 숨이 턱까지 차오르는 순간 짧게라도 휴식 시간을 가지면 에너지를 재충전해 다음 목표를 채울 수 있기도 합니다. 관계도 마찬가지입니다. 지금 내 곁에 있는 사람과 더 오래, 더 행복하게 지내고 싶다면 관계에서도 휴식이 필요합니다. 그 시간이 내가 이 관계에 습관적으로 매여 있는 것인지, 아니면 정말 상대를 사랑하고, 상대에게 사랑받고 있어 자발적으로 머무르고 있는 것인지에 대한 솔직한 답을 줄 테니까요.

거절은 그저
하나의 의견일 뿐이다

"어떻게 하면 상대가 기분 나쁘지 않게 거절할 수 있나요?"

우리는 어떻게 해야 다른 사람에게 상처를 주지 않고 거절의 메시지를 전달할 수 있을지 많이 고민합니다. 거절당했을 때의 괴로운 마음을 누구나 한 번쯤은 겪어 봤기 때문이지요. 이처럼 거절의 말은 전하는 사람에게도, 들어야 하는 사람에게도 참 어렵습니다.

우리는 타인에게 내 제안이 받아들여지지 않거나, 내 가치가 인정받지 못할 때 거절당했다고 느낍니다. 원하는 학교나 직장에 불합격하거나 승진이 좌절되는 등 사회적인 상황에서의 거절도 있고, 사랑이나 우정을 시작하고 유지하는 과정에서 상대에게 거부당하는 개인적인 상황에서의 거절도 있지요.

모든 거절은 아무리 겪어도 면역력이 생기지 않습니다. 넘어져 생긴 무릎의 상처가 아물 때까지 아픈 것처럼 거절에 의한 상처도 깊게 남아 오랫동안 나를 괴롭힙니다.

2003년 미국 캘리포니아대학교의 나오미 아이젠버거Naomi Eisenberger 박사의 연구팀이 거절과 관련한 흥미로운 연구를 진행했는데요. 타인에게 부탁을 거절당했을 때 반응하는 뇌의 영역이 신체적 고통을 겪을 때 반응하는 뇌의 영역과 같다는 사실을 발견했다고 합니다. 미시간대학교의 에단 크로스Ethan Kross 박사와 동료들의 2011년 연구에서도 최근 연인과의 이별을 경험한 참가자들에게 전 애인의 사진을 보여주자 신체적 고통과 관련된 뇌 영역이 활성화되는 것이 확인되었습니다.

실험 결과는 우리의 뇌가 거절을 실질적인 통증으로 인식한다는 사실을 알려줍니다. 거절당할 때마다 마음의 상처를 받는다면 우리 몸의 시스템이 그렇게 작동한 것일 뿐, 결코 내가 나약하기 때문은 아니라는 것이지요. 익숙해질 수 없는 거절의 아픔, 어떻게 치료해야 할까요?

거절을 예측하고 플랜 B를 세워라

상대로부터 거절당했을 때 더 큰 상실감을 느끼는 경우는 언제일까요? 나의 제안이나 요청이 절대 거절당할 리 없다고 강하게 확신할 때입니다. 소개팅에서 만난 사람과 대화도 잘 통하고, 여러 번 데이트도 했으니 분명 서로 호감이 있는 것이라 믿어 사귀자고 고백했는데 차이는 경우처럼 말입니다. 또 '이 사람 아니면 난 결혼 안 할 거야!', '이 회사 아니면 취업 안 해'처럼 다른 대안을 스스로 차단한 채 세운 비장한 목표가 좌절될 때 역시 깊은 상처가 남습니다.

이를 반대로 말하면, 상대가 나의 부탁을 거절할 것이라 미리 예측하고 그것이 나에게 줄 상처에 대비해 둔다면, 예방주사처럼 우리의 마음을 지킬 수 있다는 뜻이 됩니다. '거절당할 수도 있다'라고 미리 마음의 준비를 해 두는 것이지요.

내가 타인의 부탁이나 요청을 거절할 권리가 있듯이, 다른 사람도 나에게 거부권을 사용할 수 있다는 사실을 늘 기억해야 합니다. 그리고 상대의 거절을 대비한 플랜 B를 세워 두면 거절당하는 상황이 훨씬 덜 두려워집니다. 예를 들어 동료 A에게 점심을 함께하자고 제안했는데 선약이 있어 거절한다면, 옆 팀 동료 B에게 식사를 제안하거나 혼밥을 즐기며 여유로운 점심시간을 보내겠다고 계획해 두는 것이지요.

두려움을 직면하라

타인의 거절을 유쾌하게 느끼는 사람은 없습니다. 그럼에도 많은 사람들은 거절로 인한 불쾌하고 불편한 감정을 억누르면서 애써 괜찮은 척하지요. 하지만 거절에 잘 대처하기 위해서는 현재 느끼는 감정에 솔직해야 합니다. '나는 괜찮아. 별거 아니야'라는 말 대신 내 안에서 느껴지는 속상함, 창피함, 분노, 서운함, 부끄러움, 슬픔과 직면하고, 그 감정들을 처리할 시간을 가져야 해요.

비슷한 시기에 오랜 연인에게 이별을 통보받은 친구 두 명이 있었습니다. 친구 A는 열흘 정도 울고불고하며 자신의 괴로움을 주변 사람들에게 토해 냈고, 그 후 얼마 지나지 않아 새로운 연애를 시작했습니다. 그에 반해 친구 B는 이별 후 1년 넘게 슬픔과 우울에서 허우적거리며 깊은 절망감에 빠져 있었지요. 이별 통보에 대한 두 사람의 대처가 이토록 달랐던 것은, 그들이 거절이라는 행위를 통해 느낀 두려움의 의미가 서로 달랐기 때문이었습니다.

금세 새로운 연인을 만든 친구 A에게 상대의 이별 통보는 '나 혼자 남겨지는 것'을 의미했습니다. 평소 외로움이 많았던 그는 앞으로 혼자 있게 될 것이 너무도 무서웠고, 그래서 빠르게 새 연애를 시작했다고 털어놓았습니다. 반면, 오랜 시간 절망감에 빠져 있던 친구 B의 사정은 달랐습니다. 그는 결혼 적령기에 이별을 반복했습니다. 그래서 자신이 계획한 대로 삶이 나아가지 않는다는 허무함과 함께 새로운 사람을 만나야 한다는 압박감과 조급함이 자신을 오랫동안 짓눌렀다고 합니다.

이처럼 거절, 거부당하는 경험이 우리를 힘들게 하는 진짜 이유는 그 안에 각자의 두려움이 숨어 있기 때문입니다. 재정적인 불안함, 완벽하고 싶은 욕구, 상황을 통제하고 싶은 마음, 버려지는 것에 대한 두려움 등 거절당했을 때 내가 상실할 것이라 생각하는 가치가 서로 다르기 때문에 동일하게 거절당하더라도 어떤 이는 삶의 다음 챕터로 빠르게 나아가지만, 또 어떤 이는 그보다 두세 배 더 오랜 시간 동안 제자리에 머무르며 아파하게 되는 것이지요.

명확한 이유를 알아야 구체적인 해결책을 찾을 수 있듯, 거절이 두려운 진짜 이유를 알아야만 우리는 거절의 상처로부터 조금 더 침착하게 마음을 정리할 수 있습니다. 거절이 두렵다면 왜 그 거절이 나를 두렵게 하는지, 나의 솔직한 속마음을 들여다보아야 하는 이유입니다.

내 탓도, 네 탓도 하지 마라

상대에게 거절 메시지를 들었을 때 "왜 나는 안 되는 거야?"라며 이유라도 알려달라고 하는 사람들이 있습니다. 상대에게 이유를 듣지 못하면 스스로 원인을 찾기 시작합니다. "그때 내가 그 말을 해서 그랬을까?" "내가 능력이 부족해서일 거야." "나는 정말 매력이 없나 봐." 수십 가지 이유를 나열하다 보면 결국 모든 화살을 자신에게 돌리게 되고, 자책에 시달립니다.

하지만, 누군가 우리를 거부하는 데에 항상 명확한 이유가 존재하는 것은 아닙니다. 또한 상대의 거절이 나의 잘못을 증명하거나 내 부족함을 원망하는 것도 전혀 아니고요.

물론 내 탓이 아니라고 해서 거절 사유를 남의 탓으로 돌려서도 안 됩니다. 상대의 거절에 마냥 억울하고, 화가 날 때 우리는 다른 사람이나 환경을 원망하고 싶은 유혹에 빠집니다. '그가 그렇게만 하지 않았어도', '그 사람들이 우리를 방해하지 않았더라면'처럼 나를 거부한 사람이나 주변 사람들에게 책임을 묻고 싶어집니다. 하지만 모든 일에는 그럴 만한 사정이 있습니다. 그 사람의 행동과 그때의 환경이 거절의 직접적인 원인이라는 증거도 없습니다. 여러 가지 이유가 복합적으로 작용해 그렇게 되었을 뿐입니다.

거절에 유연하게 대처하는 사람은 지원한 회사로부터 최종 불합격 통보를 받았다고 해서 회사의 인사팀을 욕하거나, 자신을 무능하다고 평가하지 않습니다. 호감 있는 사람이 데이트 신청을 거절했다고 해서 그날 식사를 함께했던 레스토랑의 분위기를 탓하거나, 자신이 매력적이지 않은 사람이라고 단정짓지 않습니다. 오히려 용기 있는 도전과 고백에 대해서는 잘했다고 스스로 격려하고, 실수나 부족함이 있다면 겸허히 인정합니다. 이처럼 거절을 새로운 배움의 기회로 받아들이고, 똑같은 상황이 반복되지 않도록 앞으로 나아가는 데 집중하는 것이 거절을

너를 미워할 시간에 나를 사랑하기로 했다

현명하게 다루는 태도입니다.

유대감을 확대하라

인간은 어떤 집단에 소속되어 있고자 하는 '소속감의 욕구'를 가지고 있습니다. 인간은 사회적 동물로, 나를 둘러싼 여러 집단에서 타인과 함께 존재하며 인정받고자 합니다. 거절은 이 욕구를 좌절시키기에 우리를 힘들게 합니다. 이것을 뒤집어 생각하면, 한 집단에서 거절당했을 때 다른 집단에서 소속감을 찾는다면 거절의 상처를 빠르게 치유할 수도 있다는 뜻이 됩니다.

누군가에게 거절당해 불안하고 초조함을 느낄 때는 친구, 가족, 동료 등 평소 나를 지지해주는 사람들에게 연락하는 것만으로도 마음이 편안해질 수 있습니다. 내가 다른 사람에게는 여전히 소중하고, 사랑받는 존재라는 것을 스스로 상기하는 것이지요. 직장 동료가 자신의 집들이에 나를 초대하지 않았다면 대학 동기들을 만나 시간을 보내 보고, 소개팅한 사람에게서 갑자기 연락이 없다면 가족들과 통화를 하면서 내가 누군가에게는 여전히 소중한 존재임을 되새겨 보세요. 내가 다양한 집단에 소속되어 있는 존재라는 사실을 인지할 때, 우리는 거절의 두려움으로부터 보다 자유로워질 수 있습니다.

희생은 포기가 아니라
선택이다

"나는 우리 엄마처럼 남편이나 아이 때문에 내 꿈, 자유시간 그 어떤 것도 포기하고 싶지 않아."

결혼이 두렵다는 친구가 이렇게 말하자 유부남 친구는 나직이 중얼거렸습니다.

"나만 참으면 모두가 편해지는데…?"

우리는 좋은 관계를 위해 내가 원하는 것들을 제쳐 두곤 합니다. 애인과의 만남을 위해 취미 활동을 줄이고, 동료를 대신해 야근을 자처하기도 하며, 내가 먹고 싶은 것이 있어도 친구가 선호하는 메뉴를 고르기도 합니다. 가족을 돌보느라 일을 쉬어야 할 수도 있고, 반대로 가족을 부양하기 위해 밤낮없이

너를 미워할 시간에 나를 사랑하기로 했다

일을 해야만 할 수도 있습니다. 애인이 내가 이성과 어울리는 것을 싫어한다는 이유로 나의 이성 친구를 굳이 만나지 않기도 합니다. 이처럼 우리는 시간, 에너지, 돈을 쓰는 것뿐만 아니라 커리어, 인간관계 등에서의 내 선호나 목표를 포기하고 나를 희생하면서까지 관계를 위해 최선을 다합니다.

이렇게 우리가 포기한 것들은 쉽게 되찾을 수 없기에, 희생은 우리에게 달콤하고도 씁쓸한 다크 초콜릿 같기도 합니다. 네덜란드 공립 연구대학인 암스테르담 자유대학교의 실험 및 응용 심리학과 부교수 프란체스카 리게티Francesca Righetti와 동료들의 연구 결과도 "희생은 관계에 양날의 검이 될 수 있다"고 제안합니다. 희생을 한 사람은 마음속에 자신이 포기한 것에 대한 아쉬움이 남아 정서적으로 불편함을 느낀다고 합니다. 반대로 희생을 통해 도움을 받은 사람 역시 상대에게 감사하면서도, 동시에 상대에게 미안한 마음과 빚을 지고 있다는 생각에 마냥 좋지만은 않다고 합니다. 더 오랫동안 관계를 유지하기 위해, 혹은 상대에게 적극적으로 관심을 표현하기 위해 자처하는 지나친 희생을 경계해야 하는 이유입니다.

좋은 희생과 나쁜 희생을 구분하라

야구 경기의 '희생타'를 아시나요? 타자가 선행 주자의 진루를 돕기 위해 자신은 아웃될 각오로 하는 타격을 의미합니다. 희생타를 노리는 타자는 자신의 존재감을 멋지게 드러내고픈 욕심을 내려놓고, 오직 팀을 위한 플레이에 집중합니다. 결정적 순간의 희생타는 팀의 승리를 견인할 뿐만 아니라 동료들의 신뢰도 얻게 하는 만큼, 선수 개인의 소속감도 더 높인다고 합니다.

건강한 관계에서의 희생도 야구의 희생타와 같습니다. 나의 헌신을 상대가 충분히 알아주고, 그것이 더 깊은 친밀감을 나누는 계기가 될 때, 희생은 헛되지 않을 수 있습니다. 또한 내 욕구보다 타인을 우선시하는 과정에서 스스로 배우고 성장할 수 있다면 그 희생은 충분히 가치 있겠지요.

하지만 관계를 망치는 희생도 있습니다. 모든 문제를 내가 해결해야 한다는 책임감에서 비롯한 헌신은 위험합니다. 어릴 적부터 가족의 돌봄을 책임져야 했던 사람이 성인이 되어서도 타인을 챙겨야 한다는 강한 의무감에 사로잡혀 정작 자신의 필요나 욕구는 쉽게 무시하게 되는 것처럼요. '좋은 사람'이 되고자 관계에 무리하게 헌신하는 것도 위험합니다. 나의 일방적인 희생으로 유지된 관계는 결국은 나를 갉아먹을 뿐이기 때문입니다.

상대가 화낼까 봐 혹은 상대와 멀어질까 봐 두려운 마음에 희생을 자처하는 사람들도 있습니다. 관계를 위해 나의 성격, 가치관, 종교 등을 바꾸면서까지요. 하지만 진정 서로를 존중하는 사이라면, 상대의 신념에 반하는 방향으로의 변화는 요구하지 않습니다. 요컨대 나의 가치관을 바꾸지 않으면 이어지지 않는 관계는 결코 나에게 맞는 관계가 아닌데도, 현재의 관계를 유지하기 위해 불필요한 희생을 하는 것입니다.

희생은 어떤 경우에도 내가 '선택'한 것이어야 합니다. 서로에게 가치가 있는 희생이라는 나의 믿음에 근거해서요. 만약 상대에게 나의 시간, 돈, 마음 등을 내어 주면서 "내가 너 때문에 지금까지 얼마나 많은 것을 포기한 줄 알아!", "너 때문에 정말 힘들다"라며 타인을 압박하는 말을 내뱉게 된다면, 나쁜 희생을 통해 건강하지 못한 관계를 맺고 있다는 증거입니다.

희생이 아닌 타협을 시도하라

남편이 갑작스레 해외 발령 통보를 받은 순간, 맞벌이 부부는 혼란스러워집니다. 아내의 입장에서는 자신의 일을 그만두고 남편과 함께 떠나야 할지, 커리어를 지키기 위해 남편과 떨어져 지낼지 결정하기가 정말 어렵지요. 만약 아내가 자신의 커리어를 유지하는 것보다 남편의 뒷바라지와 안정적인 결혼 생활을 유지하는 것이 더 중요하다고 판단한다면 자신의 꿈을 접는 희생을 선택할 수도 있을 겁니다.

이처럼 희생은 한 사람이 관계를 위해 무언가를 포기하는 것으로, 개인의 선택에 의존합니다. 개인의 선택이라는 특성상,

희생한 사람은 자신의 결정이 후회되는 상황에서도 그 후회를 오롯이 자신의 몫으로 여기고 견뎌야 합니다. 이렇게 혼자 무거운 마음을 모두 감당하기란 참 버겁습니다.

그러니 이럴 땐 희생이 아닌 '타협'이라는 선택지를 골라 책임감과 부담을 함께 나누어 보기를 권합니다. 타협은 두 사람이 상호 합의를 통해 함께하는 결정입니다. 앞선 예에서는 남편의 해외 근무를 1년으로 제한하거나, 잠시 떨어져 지내며 아내가 커리어를 지속할 수 있는 방안을 마련한 후 해외로 합류하기로 약속해볼 수 있겠지요.

타협은 갈등 상황에서 서로가 조금씩 양보해, 양 끝의 두 사람을 중간 지점에서 만나도록 이끕니다. 공동의 목표를 향해 서로의 간격을 좁혀 가며 모두에게 이득이 되는 답을 찾는 과정인 것입니다. 상대에게 깊은 애정을 보여주기 위해 지금까지 무조건 희생을 자처했다면, 이제는 타협을 시도해보세요. 단, 타협도 관계에 대한 존중 없이는 불가능하다는 점을 기억해야 합니다. 상대가 무엇을 중요하게 생각하는지, 어떤 감정을 느끼는지, 무엇을 하고 싶은지 충분히 이해할 때 비로소 우리는 서로를 위해 내 몫을 양보할 수 있습니다.

내 희생의 가치를 평가하라

민호 씨는 어려운 가정 형편 때문에 대학 진학을 포기하고 일찍 취업해 가족들을 돌보고 있습니다. 공부에 미련을 갖게 될까 봐 일찌감치 취업을 결정했지만, 너무 쉽게 꿈을 포기한 것이 뒤늦게 후회가 된다고 했습니다.

민호 씨의 사례처럼 우리는 종종 좋은 관계를 위해 내가 바라는 것을 서둘러 포기합니다. 하지만 현명한 희생에는 '생각할 시간'이 필요합니다. 내 희생이 옳은 것인지, 다른 선택보다 우선할 가치가 있는지 그 무게를 충분히 견주어 볼 시간이 필요한 것이지요.

내가 희생해도 괜찮은 상황인지 검토하기 위해서는 '내가 희생할 만큼 이 관계가 내게 가치 있는지'를 점검하는 것부터 시작해야 합니다. '내가 어려운 상황에 처한다면, 그 사람도 나를 위해 똑같이 해줄 수 있을까?'라는 질문을 스스로에게 던져 보세요. 만약 '아니요'라고 답하게 된다면 그 관계는 나만 과도한 헌신을 하고 있거나 내 노력으로만 유지되는 불균형한 관계일 수 있습니다. 따라서 상대를 위한 헌신과 양보를 단호하게 멈춰야 합니다.

만약 희생이 불가피한 상황이라면, '희생으로 나는 무엇을 얻을 수 있을까?'라는 질문에 초점을 맞춰 보세요. 심리학자 프란체스카 리게티는 사람들이 희생을 자처한 후, 희생을 통해 자신이 잃은 것을 곱씹어 생각하면 행복감과 관계 만족도가 낮아질 가능성이 크다고 말했습니다.

이별로 힘들어하는 친구를 위로하기 위해 스터디 모임을 빠졌다고 해봅시다. 모임 회비, 스터디 자료, 공부 시간 등 친구와의 만남으로 인해 내가 놓친 것을 떠올리면 아쉽고 쓸쓸해질 것입니다. 반대로 이를 계기로 깊어진 우정, 친구의 재충전을 도왔다는 자부심 등 내가 얻은 것에 집중하면 마음이 편안해지겠지요. 다만 여기서도 주의할 점이 있습니다. 나의 자신감이나 자존감을 충전하기 위한 수단으로 희생을 자처해서는 안 된다는 것입니다. 자신감과 자존감은 희생의 기분 좋은 부산물일뿐, 근본적인 목적은 나에게 소중한 사람을 돕고자 하는 마음이어야 합니다.

만약 어쩔 수 없이 내가 희생을 이어가야 하는 상황이라면, '개인적으로 나를 돌볼 시간과 에너지가 남는가?'라는 질문을 수시로 나에게 물으며, 나만을 위한 시간을 반드시 마련해야 합니다. 종일 치매 환자를 돌봐야 하는 보호자에게도 전문가들은 하루 중 일정 시간을 반드시 자신을 위해 써야 한다고 권고합니다. 가족을 위한 것이더라도, 더 이상 내 삶이 없다고 느껴진다면 그것은 결코 좋은 희생이 아니라는 사실을 명심하세요.

너를 미워할 시간에 나를 사랑하기로 했다

좋은 관계는
헷갈리게 하지 않는다

조사 결과에 따르면, 직장인이 생각하는 최악의 리더는 수시로 지시를 변경하는 예측 불가능한 상사라고 합니다. 이랬다가 저랬다가, 도대체 나보고 어떻게 하라는 건지 알 수 없어 큰 스트레스를 받게 되지요.

우리는 이처럼 '일관성'이 없는 사람들 때문에 자주 혼란스러워집니다. 결정적인 순간에 약속을 취소하는 친구, 어느 날은 친절했다가 갑자기 서늘하게 돌변하는 동료, 수시로 잠수를 타는 애인 등 불규칙한 말과 행동으로 자주 실망감을 안기는 사람들은 우리에게 굉장한 스트레스를 주고, 점점 그들을 신뢰하기 어렵게 만듭니다.

일관성이란 규칙적인 행동 패턴을 유지해 상대가 예측 가능한 방식으로 행동하는 것을 뜻합니다. 인간은 자신이 예측할 수 없고, 통제할 수 없는 상황에 위험을 느낍니다. 따라서 상대가 돌연 자신의 예상에서 벗어나는 행동을 하면 스트레스를 받게 되지요. 반면 상대가 나의 예상대로 행동하면 관계에서 평온함과 안정감을 느끼게 됩니다.

그런데 어떤 이들은 서로 예측이 가능한 관계를 너무 지루한 것으로 오해하거나 더 이상 발전이 없다고 여기기도 합니다. 하지만 일관성은 둘 사이가 정체되었음을 의미하는 것이 아닙니다. 오히려 일관성 있는 관계를 구축했다는 건 오랜 시간 동안 경험을 나누며 많이 소통하고, 서로를 이해하며 단단하고 깊은 관계를 다졌다는 증거이기도 합니다.

물론 어느 누구도 100% 일관성을 지킬 수는 없습니다. 우리는 바쁜 일정과 예상하지 못한 상황에 의해 자신도 모르게 일관되지 않은 행동을 하기도 합니다. 또한 썸남썸녀의 '밀당'처럼 관계에 대한 확신이 없을 때, 혹은 상대가 마음에 들지 않아 관계를 발전시키고 싶지 않을 때 고의적으로 일관성 없는 행동을 하기도 합니다.

어떤 이유든 관계에서 자꾸만 일관성이 깨진다는 것은 관계의 안정감이 떨어진다는 것을 뜻하고, 그 결과 관계 맺은 두 사람은 불안해지고, 서로에 대한 신뢰를 잃을 수밖에 없습니다. 서

너를 미워할 시간에 나를 사랑하기로 했다

로가 어떤 말과 행동을 할지 더 이상 예측할 수 없게 되었을 때, 두 사람이 진지하게 소통해보아야 하는 이유입니다.

헷갈리게 만드는 언행에 주의하라

"이 사람이 저를 좋아하는 것이 맞을까요? 자꾸만 헷갈리게 해요"라는 고민을 토로하는 이들을 자주 만납니다. 상대가 먼저 호감을 보여 마음을 열었더니, 정작 상대의 말과 행동이 처음과 달라져 '이제는 내가 싫은 것인가?'라는 불안감을 느끼게 되었다고요. 예측할 수 없는 변덕스러운 상대의 태도 때문에 자꾸만 눈치를 보게 되었다면, 관계의 균형이 무너졌다는 뜻입니다.

남 일이라고 생각할 수 있겠지만, 사실 누구나 자신도 모르는 사이에 상대에게 일관성 없는 행동으로 혼란을 줄 수 있습니다. 소중한 사람에게 상처 주지 않기 위해서는, 내가 무심코 저지르고 있을지 모를 일관성 없는 행동의 패턴을 알아 두어야 합니다.

우리는 생각보다 일관성 없는 말과 행동을 자주 합니다. "우리 조만간 밥 한번 먹자!"라는 인사말을 예의상 자주 하지 않나요? 익숙하게 사용하는 표현이지만, 그 후 바쁘다는 핑계로 식사 약속은 잡지 않는다면 상대는 나의 말과 행동이 다르다고 느낄 수 있습니다. 사랑한다고 말하면서 스킨십은 피하거나, 후배에게 도와줄 것처럼 늘 말만 하고 돌아서거나, 훈육 중에 아이가 울면 결국 원하는 대로 하게 해주는 것 역시 주변에서 자주 볼 수 있는 언행불일치의 모습들입니다.

정서적으로 일관되지 않을 때도 있습니다. 그날의 기분에 따라 직장 동료에게 피드백을 달리하고 있지는 않은지, 편하다는 이유로 연인이나 친구에게 기분대로 말하고 행동하며 상대를 온탕과 냉탕을 오가는 심정으로 만들고 있지는 않은지 늘 경계해야 합니다.

결정적인 순간에 약속을 깨는 것도 반드시 주의해야 합니다. 그동안 아무리 잘해줬더라도, 중요한 약속을 별다른 이유 없이 갑자기 깨버리면 기존의 신뢰가 와르르 무너집니다. 함께 여행 계획을 세워놓고서는 갑자기 빠진다거나, 주말에 가족들과 시간을 보내기로 해놓고서는 피곤하다는 이유로 당일에 마음을 바꾸면 상대는 나에게 크게 실망하게 될 것입니다. 먼저 만나자고 제안해놓고서는, 약속 당일에 지각하는 것 역시 상대에게 '내 생각과 다르게 이 사람에게 나는 중요하지 않구나'라는 실망감을 안깁니다.

평상시 의사소통에서도 불일치는 만연합니다. 메시지를 주고받다가 갑자기 대화를 중단하거나, 전화나 이메일에 응답하지 않는 것은 상대에게 '나를 싫어하나?'라는 혼란을 줄 수 있습니다. 또 나에게 불편한 대화가 시작되었다고 해서 말없이 자리를 피하거나 지나치게 방어적으로 임하는 것 역시 상대를 혼란스럽게 할 수 있으니 주의해야 합니다.

나에게는 그럴만한 이유가 있더라도, 상대는 그것을 알 수 없습니다. 또한 상대에게 내 속마음을 일일이 다 들여다보아 주고, 이해해주어야 할 의무가 있는 것도 아닙니다. 무심한 행동으로 상대를 상처 주지 않기 위해서는, 나의 행동이 상대에게 어떻게 비칠지, 상대의 입장에서 생각하며 배려하는 습관을 길러야 합니다.

예측 가능한 루틴을 만들어라

3년간 미국-한국 장거리 연애 후 결혼에 골인한 대학 동기 커플의 이야기를 들려 드리려 합니다. 이들에게 가장 큰 도전은 물리적 거리와 시차를 극복한 예측 가능한 일상을 유지하는 일이었답니다. 한국에 함께 있을 때처럼 실시간 연락을 주고받지 못하고, '보고 싶다'는 말만 나눌 뿐 직접 보지 못하니, 상대가 조금만 일관성 없는 행동을 보여도 쉽게 서운하고 예민해지곤 했기 때문이었습니다.

하지만 매일 약속된 시간에 영상 통화하기, 동시 접속해서 영화 보기, 1년에 2번 함께 여행하기처럼 둘만의 루틴을 새롭게 만들어 나가며 장거리 관계에서도 안정감을 찾았다고 합니다. 기념일에는 '축하한다'는 말뿐만 아니라 깜짝 선물을 보내거나 편지를 쓰는 등 마음을 직접 전할 수 있는 노력도 틈틈이 했다고 해요. 물론 처음부터 순조롭지는 않았지만, 관계를 지키기 위해 노력하고, 서로를 기다려주는 과정에서 애정이 더 단단해졌다고도 말했습니다.

장거리 커플뿐만 아니라 두 사람이 모두 바빠 서로를 위한 시간을 내기 힘든 경우에는, 규칙적인 만남을 미리 계획해 두는 것이 좋습니다. 금요일 밤에는 함께 치맥하기, 한 달에 한 번 공연 보기, 출퇴근하면서 연락하기처럼 일상에서의 규칙을 미리 정해둠으로써 관계에 일관성을 더할 수 있습니다.

이것을 오랫동안 지속할 수 있는 좋은 루틴으로 만들려면 먼저 서로가 중요하게 생각하는 것은 무엇인지, 상대에게 무엇을 원하는지에 관해 진솔한 대화를 나누고, 기대치를 분명히 해야 합니다. 물론 좋은 계획은 실행으로 비로소 완성되는 것이니, 약속한 사항들을 꾸준히 지켜나가는 것이 무엇보다 중요하겠지요.

이 과정에는 절대적인 시간이 필요합니다. 따라서 서로에 대한 인내심을 가져야 합니다. 상대가 내 기대에 못 미치더라도 "넌 항상 말로만 때우더라!"라고 비난하지 말고, 그가 변화할 때까지 차분히 기다려주세요.

또한 상대가 내게 일관성 있게 행동하기를 기대한다면, 나부터 모범을 보이는 것도 좋습니다. 상대에게 좋은 역할 모델이 되어 주는 것이지요. 실천하겠다고 말한 것은 반드시 행동으로 옮겨 신뢰감을 심어 주고, 그에게 동기부여가 되어 주세요. 그리고 상대가 나를 위해 조금씩 변화하고 있다면 아낌없이 고마운 마음을 전해야 합니다. 그래야 상대도 보람을 느끼고, 더 노력할 수 있겠지요.

지킬 수 있는 약속을 하라

약속만 잘 지켜도 상대에게 일관된 믿음을 줄 수 있습니다. 하지만 매번 그 약속을 지켜내는 일이 참으로 어렵습니다. 돌발 상황이 생겨 급하게 움직이다 보면 약속을 깜빡 잊기도 하고, 바쁜 일이 갑자기 쏟아지거나 예상보다 시간이 부족해 불가피하게 지킬 수 없을 때도 있습니다. 약속한 일이 내가 생각했던 것보다 더 많은 시간과 에너지를 쏟아야 하는 일이라는 걸 깨닫고 한발 물러서게 되기도 합니다. 상대에게 잘 보이고 싶은 마음에 내 능력 밖의 일을 해보이겠다고 장담했을 때도 약속을 지켜내기는 어렵습니다.

이처럼 다양한 이유로 누구나 약속을 어길 수 있습니다. 하지만 이것이 반복되면 상대를 헷갈리게 하고, 결국 신뢰를 잃을 수도 있으니, 지킬 수 있는 약속만 하도록 노력해야 합니다. 어떻게 해야 지킬 수 있는 약속만 똑똑하게 하는 사람이 될 수 있을까요?

먼저 충동적인 수락은 피해야 합니다. 상대가 나에게 무언가를 부탁했을 때, 그 자리에서 바로 답을 줄 필요는 없습니다. 나에게 그 일을 할 수 있는 시간, 에너지, 자원이 충분한지 검토한 후에 대답해도 늦지 않습니다. 내가 무엇을 할 수 있는지 명확히 파악하고, 만약 내 능력 밖의 일이라고 판단된다면 정중하게 거절하는 것이 좋습니다.

또한 의무감으로 약속을 수락하는 것은 지양해야 합니다. 친한 동료가 저녁 약속을 제안하면 기꺼이 시간을 내고 싶지만, 서먹한 동료의 저녁 초대는 선뜻 마음이 내키지 않잖아요. 이럴 땐 의무감 때문에 서먹한 동료의 초대를 수락하기보다는, 정중히 거절하는 게 훨씬 낫습니다.

중요한 것은, 내 마음에서 우러나는 약속을 해야 한다는 것입니다. 상대가 원하는 것을 들어주지 못한다는 죄책감, 혹은 내 능력의 한계를 인정하는 것에 대한 두려움으로 인해 무모한 약속을 하게 된다면, 거절보다 더 안 좋은 결과를 불러올 수 있습니다. 들어주기 어렵거나 곤란한 약속이라면, 힘들어도 명확하고 정중하게 거절해서 상대가 막연한 기대나 희망을 갖지 않게 하는 편이 더 현명합니다.

지킬 수 있는 약속을 하기로 결심했어도, 때로는 불가피하게 약속을 이행하지 못할 때도 있을 것입니다. 이때는 상대가 느꼈을 서운한 감정에 먼저 공감해주고, 변명에 앞서 충분히 사과해야 합니다. 상대가 나에게 실망한 점은 무엇이고, 나에게 무엇을 바라고, 이에 대해 내가 실제로 해줄 수 있는 것은 무엇인지에 관해 깊은 대화를 나누면, 오히려 더 단단한 관계로 나아갈 수 있을 것입니다.

숨겨 둔 분노는
결국 모습을 드러낸다

'욕이야? 칭찬이야?' 찜찜함이 남는 뒷담화 같은 칭찬을 겪어본 적이 있나요? 실컷 상처 주는 말을 해놓고는 "에이, 농담이야!"라고 말하는 상대 때문에 당황한 적은요? 우리는 묘하게 나를 불편하게 하거나 헷갈리게 만드는 이들을 자주 만납니다. 자신의 부정적 감정을 간접적으로 드러냄으로써 '수동공격passive-aggressiveness'을 하는 사람들입니다. 수동공격이란 마음에 들지 않는 상대에게 간접적으로 자신의 불만을 표현하는 행동을 말합니다.

수동공격자들은 겉으로 보기엔 무해한 방식으로 자신의 불편한 감정을 전달합니다. 화가 난 것이 분명한 상황에서 말로는 괜찮다고 하지만, 그 이후에는 갑자기 차갑게 행동하고 눈조차 마주치지 않지요. 대놓고 불평하지는 않지만 은근히 상대를 비꼬거나 원하지 않는 조언을 늘어놓기도 합니다. 때로는 피해자 역할을 자처하며 다른 사람을 험담하고, 갈등을 회피하기도 하고요. 약속에 동의했다가도 결정적인 순간에 취소하거나, 메신저에서 대화할 때 "좋아요(혹시 안 해도 되나요?)"처럼 본심은 괄호에 담는 이중 메시지double message를 보내는 것도 대표적인 예입니다.

우리는 이처럼 다양한 수동공격에 노출되어 있지만, 그 방식이 미묘해 나를 향하는 상대의 은밀한 적개심이나 불만을 알아차리기는 어렵습니다. 그럼에도 수동공격은 개인적, 직업적 관계에서 분노를 드러내는 사람도, 공격을 당하는 사람도 힘들게 하기에 수동공격의 특징을 알아 두고, 이에 대처할 방법을 배워 두는 것이 좋습니다.

미끼를 물지 말라

"대체 언제까지 그럴 거야?" 며칠 동안 입을 꾹 닫고, 자신을 투명 인간 취급하는 아내에게 답답함을 느낀 남편이 차라리 욕을 하라며 소리쳤습니다. "나는 화낸 적도 없는데, 자기는 왜 화내?"라는 아내의 말을 듣고서야 남편은 또다시 아내가 쳐 놓은 덫에 걸렸다는 것을 깨닫게 되었죠. 이처럼 수동공격 행동을 보이는 사람들은 은밀한 선제공격으로 상대를 자극해 승자 없는 게임에 참여하도록 이끕니다.

수동공격자들이 초대하는 이 위험한 게임에 휘둘리지 않기 위해서는 무엇보다 차분하게 대응해야 합니다. 상대의 행동에 감정적으로 반응할수록 그 사람에 대한 우리의 통제력은 약해지기 때문이지요. 감정이 올라올 때 잠시 심호흡을 하거나, 그래도 감정을 주체할 수 없을 때는 잠시 자리를 피하는 것이 침착함을 유지하는 데 큰 도움이 됩니다.

상대의 공격에 맞서 싸우지 않고 그저 마음을 진정시킨다는 것이 손해 보는 일처럼 느껴질 수도 있습니다. 하지만 마음을 진정시키는 것과 상대의 행동을 무조건 참고 이해하는 것은 다릅니다. 마음을 진정시키는 일을 순간적인 감정을 다스려 더 현명하게 상대에게 반응할 수 있도록 나를 단련하는 일이라고 생각하면 좋겠습니다. 또한 갈등의 원인을 나에게서만 찾으려 하지 말길 바랍니다. 상대가 수동공격을 통해 나를 통제하려 한다는 것을 그때그때 상기하고, 잘못하지 않은 일에 대해서 사과하거나 달래주려 하지 마세요.

관계와 관련된 문제를 다룰 때는 돌려 말하지 않고 직접적으로 해결할 수 있어야 합니다. 입을 닫아 버린 상대가 마음을 열고 대화에 참여하게 하기 위해서는 그의 마음을 답답하게 하는 문제가 무엇인지 직접 물어보는 게 좋습니다.

너를 미워할 시간에 나를 사랑하기로 했다

이때 중요한 것은, 상대의 행동을 절대 비난하지 않는 것입니다. 예를 들어 화가 나면 침묵을 택하는 친구에게 "너는 꼭 혼자 꿍해서 사람 답답하게 만들더라"라고 말하기보다 "너 기분이 안 좋아 보여. 불편한 것에 대해 같이 얘기해보자"라고 대화를 시작하는 게 좋습니다. 이를 통해 우리는 상대가 자신의 감정을 드러내는 것을 안전하게 느끼도록 돕고, 함께 해결책을 찾기 위해 기꺼이 협력할 의지가 있음을 보여줄 수 있습니다.

이러한 노력에도 불구하고 상대가 반복적으로 수동공격을 한다면 단호한 언어를 사용해 그 행동을 내가 어떻게 느끼는지 알려줘야 합니다. "네가 짜증 나는 것은 알겠어. 하지만 화가 날 때 자리를 피하는 대신 나와 솔직하게 얘기해야 해"라고 말함으로써 나를 화나게 하는 행동, 말을 명료하게 알려줄 수 있습니다. 상대에게 자신의 바람을 명확하게 말함으로써 서로의 잘못된 의사소통을 줄일 수 있고, 내가 허용해줄 수 있는 한계도 분명히 할 수 있지요.

괜찮다는 말에 속지 마라

수동공격자들은 자신의 분노를 "괜찮다"는 말에 숨겨 둡니다. 하지만 그들은 '괜찮지 않은 행동'들로 말과 행동의 모순을 드러내지요. 더 이상 "괜찮다"라는 말에 속지 말고, 상대의 속사정을 들여다보세요. 타인의 은밀하고 미묘한 분노에 대처하려면 그들이 겪고 있는 문제의 근본 원인을 파악해 해결 방법을 찾아야 합니다. 수동공격자가 평소 화가 날 때마다 자주 보이는 패턴을 확인하고, '무엇이 이 사람을 불편하게 할까?' 그 원인을 탐색해보세요. 인간관계의 기본은 서로에 대한 '이해'입니다. 상대방이 분노하는 근원을 찾아야만 그를 진정으로 이해하고, 이해를 바탕으로 문제를 해결할 수도 있겠지요.

수동공격 행동은 직장인들에게 자주 보입니다. 그들이 자주 하는 은밀한 험담, 지시 불이행, 팀워크를 해치는 언행 등의 이면을 깊이 파고들면 대부분 승진, 보상, 평가, 관계의 원한 등에 대한 불만으로 동료나 조직에 대한 서운함이 감춰져 있는 경우가 많습니다. 이처럼 분노를 유발하는 과거의 사건, 계기를 이해하게 되면 상황을 더 건설적으로 처리할 방법을 함께 모색하며 그들을 도울 수 있지요.

수동공격자는 자신의 감정을 조절하고 대처하는 역량이 미숙해 때때로 관계를 악화시키는 행동을 합니다. 어린 시절 감정을 솔직하게 드러내는 소통법을 배우지 못했거나 감정 표현이 좌절되는 경험을 했다면, 자신의 부정적 감정을 건강하게 해소하는 방법을 알지 못해 미성숙한 방식으로 충동적인 언행을 하게 되는 것이지요.

이런 사람들은 말하지 않아도 상대가 내 마음을 알아주기를 기대하고, 상대가 그 기대를 충족해주지 못하면 답답함과 짜증을 은근하게 표현합니다. 한 사람의 마음은 다른 누군가가 투명하게 읽을 수 있는 것이 아닌데, 마음과 감정을 다루는 일에 서툴러 미성숙하게 대처하게 되는 것이지요. 1주년을 기념해 애인이 이벤트를 준비할 것이라고 기대했는데 애인이 평소와 다름없는 모습으로 자신을 대하자, 갑자기 몸이 안 좋다며 집에 가겠다고 하는 사람처럼 말입니다. 이럴 때는 짜증, 화, 서운함과 같은 어려운 감정을 스스로 알아차리고, 건강하게 표현할 수 있도록 곁에서 인내심을 갖고 지지해줘야 합니다.

마지막으로 관계에서 쌍방이 간접적인 적대감을 주고받고 있는 것은 아닌지 점검해야 합니다. 누군가 나를 은근히 무시하면서 대한다면 나 역시도 적대적인 방식으로 맞서게 될 가능성이 높겠지요. 상대도 나를 은근히 경계하고, 나도 상대를 은근히 적대시하는 이 패턴이, 내가 알아차리지 못하는 사이에 관계에 고착되어 악순환을 만들 수 있음을 늘 경계해야 합니다.

내 안의 수동공격성을 발견하라

우리는 누구나 자신도 모르는 사이에 타인에게 부정적인 감정을 간접적으로 전하곤 합니다. 저는 상사에게 '대화할 때 눈을 마주치지 않는다'는 피드백을 받고 당황한 적이 있었습니다. 당시 저는 상사에게 내심 불편함을 느끼고 있었습니다. 신입사원으로서 실수가 많았던 저에게 상사의 수정 요청은 모두 까칠

한 지적으로 느껴졌기 때문입니다. 그럼에도 저는 겉으로는 상사의 지시를 잘 따랐기에 스스로 불만을 잘 감추고 있다고 생각했었는데, 상사에게 속마음을 들켜 뜨끔했던 것이지요.

나를 향한 타인의 숨겨진 적개심을 알아차리는 것만큼이나 다른 사람을 향한 나의 수동공격 행동들을 깨닫는 것도 어렵습니다. 많은 사람들이 관계를 위해 '내가 참는다'고 생각하면서 문제를 피하는 데 익숙하고, 감정을 잘 드러내지 않는 것을 미덕으로 여기기 때문이지요. 하지만 꾹꾹 눌러 놓은 부정적 감정은 어떻게든 말과 행동, 태도로 드러나므로, 어떤 상황에서 나의 수동공격 성향이 발현되는지 미리 알고 있어야 합니다.

우선, 내가 평소 가까운 사람들과의 갈등 상황에 어떻게 대처하는지에 주목해보세요. 상대에게 짜증 나거나 실망했을 때 '지금 내가 이런 감정을 느끼는 게 잘못된 것은 아닐까?' 하며 자신의 감정을 확신하지 못해 침묵하게 되거나, 대치 상황을 피하기 위해 상대와의 연락이나 만남을 미룬다면 나도 모르게 수동공격을 하고 있는 것일 수 있습니다.

평상시에 나의 생각을 얼마나 잘 표현하는지도 살펴봐야 합니다. 상사의 요구에 반박하고 싶지만 신임을 잃을까 두려워 일단 괜찮은 척 수긍하고, 그 후에 맡긴 일은 마감 기한을 넘기며 대충 처리해 버린다면, 감정을 수동적으로 표출하고 있는 것입니다. 이처럼 타인의 제안에 표면적으로는 동의하면서 뒤에서 원망하거나, 나에게 불편을 준 타인에게 보복하기 위해 간접적으로 일을 미루거나 중단하는 행동을 택한다면 수동공격으로 나의 감정을 표출하는 것입니다. 내가 언제, 어떤 방식으로 무심코 수동공격 행동을 보이는지 솔직히 인정하는 것에서부터 감정적으로 더 건강한 관계가 시작됩니다.

함께 있어도
외로움을 느끼는 이유

'포모 증후군'을 아시나요? 포모FOMO는 'Fear Of Missing Out'의 줄임말로 자신만 배제되는 상황에 대한 두려움을 일컫습니다. 포모 증후군은 타인에게 소외될까 봐 불안해하는 인간의 심리를 잘 반영합니다. 주변 사람들이 나 없이도 즐거운 시간을 보내지 않을까 걱정스러워 SNS로 끊임없이 소통하고, 무리해서라도 모임에 참석하는 것이 대표적인 예입니다. 대화 중 내가 잘 모르는 주제가 나오면 아는 척하며 대화에 참여하려고 애쓰기도 하고요.

'왜 이렇게까지?'라는 생각을 하기 전에, 우리는 '소외감'이라는 단어에 먼저 집중해야 합니다. 소외감의 사전적 정의는 '따돌리거나 멀어진 느낌'입니다. 더불어 살며 생명을 유지해온 인간의 마음속에는 소속감에 대한 강한 욕구가 있습니다. 소속의 욕구가 강한 만큼 소외감을 느끼면 크게 상처받게 되는 것이지요. 소외감은 슬픔, 억울함, 외로움, 분노를 일으키고, 급기야 깊은 우울과 수치스러움으로까지 확대되어 오랫동안 자신을 괴롭게 합니다.

놀랍게도 배척주의 연구의 권위자 키플링 윌리엄스Kipling D. Williams 박사의 연구에서, 사람은 자신이 어떠한 집단으로부터 거부당했다고 판단할 때, 육체적 고통을 느낄 때와 동일한 뇌의 영역이 활성화된다는 사실이 발견되기도 했습니다. 소외감을 결코 가볍게 생각해서는 안 되는 이유입니다.

급발진하지 마라

나만 빼고 어울려 논 친구들의 사진을 SNS에서 본다면 어떤 기분이 들까요? 내게는 일정이 가능한지도 묻지 않은 채 자기들끼리만 함께 뭉쳤다는 생각에 이르면 몹시 서운하고 속상해집니다. 이 불편한 마음은 '일부러 나만 제외한 거야'라는 결론을 향해 급발진하게 되지요.

소외되었다는 느낌 자체가 잘못된 것은 아니지만, 때로는 이 감정이 진실을 왜곡해 우리로 하여금 성급한 판단을 내리게 할 수 있습니다. 따라서 우리는 상황을 냉정하고 객관적으로 볼 수 있어야 합니다. 친구들이 우연히 만나 식사를 한 것일 수도 있고, 내게 말을 했는데 내가 잊어버린 것일 수도 있습니다. 내가 제외될 수밖에 없었던 합리적인 이유가 존재할 수 있음을 기억하세요.

예를 들어 직장에서 매일 정시에 퇴근하고, 자기 계발 또는 육아 등으로 인해 회식 참여가 어렵다고 줄곧 말해왔다면 동료는 내게 부담을 주면서까지 굳이 저녁 모임에 나를 초대하려 하지 않을 것입니다. 친구들끼리 골프 여행을 가자는 말이 나왔는데 내가 평소에 골프를 치지 않는 사람이라면 내가 지루해할 것이라 생각해 모임에서 제외할 수도 있고요. 또 기숙사에 거주하는 동기들이 갑작스럽게 술자리를 벌인 것이라면 멀리서 통근하는 나는 합류가 불가능할 수도 있습니다.

어쩌면 내가 타인에게 먼저 벽을 치고 있던 것일 수도 있습니다. 내향적인 성격을 탓하며 늘 다른 사람이 먼저 말 걸어주기를 기다리고 있거나 대화에 소극적인 자세로 임한다면, 타인이 나에게 접근하기 어렵겠지요. 평소에 내가 상대에게 보이는 신체 언어도 점검할 필요가 있습니다. 늘 팔짱을 낀 채 대화하거나, 항상 휴대폰에만 집중하고 이어폰을 꽂고 있다면 사람들에게 나는 '혼자 있고 싶은 사람'으로 인식되기 쉽습니다.

때로는 내가 통제할 수 없는 상황들 때문에 외로운 마음이 생기기도 합니다. 신입 사원 예린 씨는 회사에서 이질감을 느낍니다. 남성 중심 조직 속에서 자신만 여성이고, 심지어 나이 차이도 커서 사람들과 쉽게 어울릴 수 없던 것입니다. 동료들은 예린 씨에게 친절했지만 경험과 세대, 성별의 차이로 인해 혼자만 동떨어져 있는 느낌을 지울 수가 없다고 합니다.

이 사례처럼 종교적 신념, 나이, 성별, 경험의 차이는 누군가의 잘못 없이도 개인이 소외감을 느끼게 할 수 있습니다. 이럴 땐 '사람들이 나를 따돌린다'라고 부정적인 판단을 하기보다는 집단의 특성을 받아들이고, 그 속에서 나는 어떤 노력을 하는 게 좋을지, 다른 사람들에게 어떤 것을 요청하는 게 좋을지 고민해보는 게 도움이 됩니다.

위기를 느꼈다면 기회로 만들어라

선민 씨는 대학 동기들과 함께하는 단체 채팅방에 계속 남아 있어야 하는지 고민하고 있었습니다. 학창 시절부터 5년 넘게 지켜온 단체 채팅방은 그동안 소통 창구 역할을 해주었지만, 선민 씨는 언젠가부터 자신만 투명 인간처럼 존재하는 것 같다는 느낌을 받았다고 합니다. 활발하게 이야기하다가도 선민 씨가 말하면 유독 별다른 반응이 없는 동기들 때문에 자주 무안해졌고, 대화에 적극적으로 참여하고 싶어도 동기들과 선민 씨의 관심사가 너무 달라 끼어들 수 없는 상황이 반복된 것이었습니다.

우리는 오랫동안 친밀하게 지냈던 사람들과 멀어질 때 큰 소외감을 느끼고, 그럴수록 관계를 사수하려 애씁니다. 함께한 시간과 추억이 아까워 불편한 마음을 나홀로 감수하려 합니다. 하지만 소외감에서 해방되고 싶다면, 내가 왜 거부당하고 있는지, 어떻게 다시 잘 지낼 수 있을지에 대한 고민을 멈춰야 합니다. 그리고 기존 관계를 재평가하는 계기로 삼아야 합니다. 모든 관계는 시간이 흐르며 변하기 마련이니까요.

학업, 취업, 결혼과 같은 라이프 사이클에 따라서 각자의 상황이 달라지면, 그에 따른 경험이나 가치관도 함께 변화해 관계에 영향을 미칩니다. 아무리 오랜 친구 무리여도 더 이상 공통된 관심사가 없다면 서서히 멀어지는 것이지요. 다른 사람들과 내가 모두 흥미롭게 이야기할 수 있는 주제가 있거나, 어떤 이야기든지 편히 나눌 수 있는 공간이 존재하는지 생각해보세요. 만약 서로에게 공통적인 것이 없다면, 이제는 오랜 관계에 안녕을 고하고, 변화한 나와 잘 맞는 새로운 사람들을 알아가는 데 시간과 에너지를 투자해야 합니다.

소외감은 '더 이상 이 관계는 나에게 맞지 않다'는 신호가 될 수 있음을 기억하세요. 그 신호를 나에게 유리하게 활용하는 지혜가 필요합니다.

누구나 혼자라고 느낄 때가 있다

단짝이 없어서 고민하는 중학생, 취업한 친구들과 멀어지는 20대 취준생, 동기 결혼식에 초대받지 못한 30대 청년, 자녀 학부모 모임에 배제된 40대 워킹맘, 가족들과 대화가 없다는 50대 가장까지. 연령, 세대, 역할을 떠나 인간은 누구나 사회적으로 소외감을 느낍니다. 하지만 정작 자신이 타인에게 거부당하거나 환영받지 못하는 상황을 겪으면 이를 지극히 개인적인 문제로 여기게 됩니다. '내가 너무 내성적인가?', '내가 매력이 없나?', '나에게 무엇이 부족할까?'라는 자책을 반복하며 오랫동안 분노, 불안, 우울, 슬픔과 같은 감정에 머물게 되지요.

소외감을 건강하게 다루기 위해서는 이 감정을 있는 그대로 인정하는 것부터 시작해야 합니다. 소외감은 우리에게 썩 기분 좋은 감정은 아니지만, 무척 자연스러운 반응입니다. 과식, 음주, 게임처럼 무의미한 활동들로 공백을 메우며 스스로를 산만하게 만들기보다는 내가 느끼는 감정이 무엇인지 피하지 않고 마주해야 합니다.

만약 이 과정에서 '나는 사람들에게 필요 없는 존재야'와 같은 내면의 비난 소리가 들려온다면, 평소 믿을 만한 이들에게 힘든 마음을 털어놓는 것도 좋습니다. 소중한 사람에게 의지하며 감정의 짐을 덜 수 있고, 타인의 시각을 통해 보다 객관적으로 상황을 바라볼 수 있을 것입니다.

4장

너를 미워할 시간에
나를 사랑하기로 했다

이유 없이
싫은 사람은 없다

우리는 가끔 이유 없이 '그냥' 싫은 사람들을 만납니다. 왜 상대의 존재가 나의 심기를 불편하게 만드는지 그 원인을 찾아봐도 막상 답이 떠오르지 않으면 '저 사람이 나를 싫어하니까 나도 싫은 거야!'라고 자신의 마음을 정당화하기도 합니다. 내 마음을 타인에게 '투사'하고 있는지도 모른 채로요.

투사는 정신분석가 지그문트 프로이트Sigmund Freud가 제시한 방어 기제 중 하나입니다. 자신의 불안감, 바람직하지 않은 충동, 참을 수 없는 행동, 부정적인 생각을 내가 아닌 다른 사람의 것으로 여기는 심리 즉, '남을 탓하려는 마음'이지요. 인간이라면 누구나 투사 심리를 가지고 있습니다. 내 안의 수치심, 죄책감을 솔직하게 인정하는 것이 어렵고, 내 탓을 하는 것보다 타인에게 책임을 돌리는 것이 훨씬 쉽기 때문입니다. '적반하장도 유분수지'라든가 '똥 묻은 개가 겨 묻은 개 나무란다'라는 말에 이 투사의 심리가 숨어 있습니다. 누군가에게 유독 미운 감정을 느낄 때, 상대를 탓하기 전에 내 마음을 먼저 들여다보아야 하는 이유입니다.

원인은 나에게 있을 때가 있다

누군가에게 강한 반감을 느꼈다면, 그 사람에게서 나와 닮은 부정적인 모습, 결점 등을 발견한 것일지도 모릅니다. 불행했던 유년기의 자신을 닮은 자식을 유독 미워하는 부모, 자신의 외모에 불만족해 타인의 외모를 더 강하게 비판하는 사람들 모두 우리가 흔히 마주하는 투사의 얼굴입니다.

우리가 투사하는 마음을 잘 다루어야 하는 까닭은 이 마음이 결국 관계를 힘들게 하기 때문입니다. '내 탓'을 '네 탓'으로 돌리는 순간 우리는 내 감정의 통제권 또한 상대에게 주게 됩니다. 그 결과 감정을 내 마음대로 다룰 수 없다는 무력감을 느껴 더 화가 나고, 짜증이 나는 것입니다.

이뿐만 아니라 내 생각과 마음이 곧 상대의 생각, 마음과 같다고 착각하는 '동일화' 역시 나와 타인의 존재를 건강하게 분리하지 못하게 해 관계를 위태롭게 하므로 주의해야 합니다.

너를 미워할 시간에 나를 사랑하기로 했다

투사의 신호를 포착하라

투사는 무의식적으로, 마음 안에서 은밀히 일어나는 과정이기 때문에 내가 지금 감정을 투사하고 있는지, 그렇지 않은지 단번에 알아차리기 어렵습니다. 우리는 나 혹은 상대의 말, 행동, 태도를 관찰함으로써 내가 혹은 상대가 지금 자신의 감정을 투사하고 있는지 간접적으로 알아차릴 수 있습니다.

자신의 감정을 타인에게 투사하는 데 익숙한 사람들은 상대의 말과 행동에 '선택적'으로 집중하고, 매우 과민하게 반응합니다. 특히 나에게 유리한 쪽으로 상대의 이야기나 행동을 해석하고, 관계에 반영하지요. 상황이 모호할 때는 유독 남 탓을 하며 자신을 보호하기도 합니다.

피곤하고 부담스러운 마음으로 친구들과의 저녁 약속 자리에 참여한 사람이 있다고 해봅시다. 그 사람은 한 친구가 유독 말도 없고, 잘 웃지도 않는 모습에 신경이 쓰이기 시작했습니다. 그래서 "야! 그렇게 꿰다 놓은 보릿자루처럼 있을 거면 나오지 말지! 너 때문에 나도 피곤하다!"라고 소리쳤지요. 이것이 투사의 대표적인 예입니다. 자신의 피곤하고 부담스러운 감정을 타인에게 투사한 것이지요.

투사를 경계하기 위해서는, 평상시에 자신이 주로 투사를 행하는 대상과 이유, 주제 등의 습관적이고 반복적인 패턴을 먼저 확인해보아야 합니다.

저의 경험을 말씀 드려 보겠습니다. 저는 맏이이기 때문에 저처럼 첫째인 친구들과 장녀, 장남으로서 느끼는 애로사항과 고민을 자주 이야기 나눕니다. 그런데 가끔 그들이 저에게 가족들 때문에 마음이 무겁고 지친다고 토로할 때, 공감해주기는커녕 그들에게 바보 같다며 지적하고, 짜증을 내서 친구를 무안하게 하곤 합니다.

돌이켜 생각해보면, 제가 친구에게 이유 없는 짜증을 냈던 건 그 친구에게서 내 안에 꽁꽁 숨기고 있던 무거운 마음의 짐을 보았기 때문이었습니다. 가족들의 기대에서 벗어나고 싶고, 책임지는 것이 버거워 도망치고 싶었던 내면의 솔직한 마음이 친구의 모습을 통해 불쑥 머리를 내민 것이었지요.

이렇게 자신의 투사 패턴을 확인했다면, 이후 내가 민감하게 느끼는 주제로 타인과 상호작용을 할 때 '반응 속도'를 늦춰야 합니다. 투사하는 사람들은 자신의 감정을 숨기는 일에 익숙하기 때문에 상호작용을 할 때 자신의 마음보다는 타인의 행동에 더 집중합니다. 그 결과 자신의 감정을 검토할 새 없이 타인의 행동에 즉각적으로 반응하게 되고요.

오해와 불필요한 갈등을 줄이고 싶다면 '잠깐 멈춤'의 센스가 필요합니다. 말을 내뱉기 전에 잠깐 시간을 두고 '상대의 의도에 대한 나의 가정이 정말 옳은지', '내가 혹시 상대를 오해하고 있는 것은 아닌지' 나의 생각을 재검토해보는 것입니다. 말하

너를 미워할 시간에 나를 사랑하기로 했다

기 전에 딱 10초만 더 생각해도 불필요한 논쟁을 막을 수 있다는 사실을 기억해 두길 바랍니다.

괜찮다는 말로 나를 속이지 마라

'네 탓이오'를 멈추기 위해서는 '괜찮아'라는 말도 함께 멈춰야 합니다. 평소 내 안의 생각과 감정을 잘 알지 못하면 타인에게 나의 감정을 떠넘기게 됩니다. 저는 첫째로서 늘 가족들에게 인정받고 싶었기에 압박감이나 부담감이 느껴져도 스스로에게 '괜찮아'라고 되뇌며 감정을 잠재우기에 급급했습니다. 그래서 앞서 언급한 경험에서 맏이로서의 책임감이 힘들다는 친구의 하소연에 공감하지도 못했고, 불편함을 느껴 친구의 성격을 탓하고 말았죠.

'괜찮아'라는 말은 내가 느끼는 부정적인 감정을 무마하는 표현입니다. 사실 정말 힘들고, 아프고, 지친데도 '괜찮다'는 말로 애써 내 마음을 속이는 것입니다. 더 이상 자신의 감정을 부인하지 말고, '괜찮아'라는 말이 떠오르는 순간 느껴지는 생각과 감정을 마주하세요. 지금 내가 참고 있는 것은 무엇인지 생각해보고, 더 이상 참지 않는다면 무엇을 하고 싶은지 나에게 물어보세요. 그리고 이 감정을 언제, 누구에게 느꼈는지, 왜 피하고 싶은지 생각해보세요.

'왜 저 사람은 나를 불편하게 할까'라는 질문의 답을 찾기 위해서는 결국 '나'라는 목적지를 향해 가야 합니다. 이 여정에서 우리는 결코 마주하고 싶지 않은 내 안의 두려움과 결점들을 발견하게 될 것입니다. 하지만 있는 그대로의 스스로를 인정할 용기를 낼 수 있을 때, 우리는 진짜 내 마음의 주인이 될 수 있습니다. 더 이상 다른 사람 뒤에 숨지 않고 말입니다. 이유 없이 싫은 사람은 없습니다. 아직 내 안의 또 다른 나를 인정하지 못한 것일 뿐입니다.

남을 미워하기 전에
나를 먼저 사랑하라

코칭을 하며 다양한 세대를 만나 고민을 나눌 때 빠지지 않고 등장하는 단어가 있습니다. 바로 '자존감'입니다. 더욱 흥미로운 것은 개인의 자존감 문제를 꺼내고 나면, 고구마 줄기 마냥 주변 인간관계에 관한 고민까지 모두 드러난다는 점입니다. 늘 언니와 나를 비교하는 엄마 때문에 낮은 자존감이 형성된 경험, 지나친 자존감으로 주변 사람을 힘들게 하는 상사, 자존감이 떨어진 친구를 도와주고 싶은 마음 등등 상황도 사연도 각양각색이지만, 자존감과 인간관계가 얼마나 긴밀한 영향을 주고받는지 알 수 있지요.

자존감self-esteem은 나 자신에 대해 스스로가 내리는 평가로,

'내가 나를 얼마나 소중히 여기는지'에 관한 개념입니다. 자존감은 개인의 말, 행동, 생각, 감정에까지 영향을 미치기 때문에 내가 타인과 소통하고 함께 어울릴 때마다 나의 자존감 상태가 자연스럽게 드러납니다. 2019년 미국 심리학 협회가 발표한 〈자존감과 사회적 관계 사이의 연결: 종단적 연구의 메타 분석〉의 결과에 따르면 자존감이 높으면 더 긍정적인 관계를 유지할 수 있고, 반대로 안정적인 관계를 경험한다면 자존감이 높아질 수 있다고 합니다. 이처럼 자존감과 인간관계는 서로 긴밀하게 상호 연결되어 있는 만큼, 안정적인 관계를 유지하기 위해서는 자존감을 잘 다루는 일이 필수인 것이지요.

낮은 자존감은 다양한 얼굴로 드러난다

자존감이 낮다고 해서 사람을 못 만나거나 사랑받지 못하는 것은 아닙니다. 하지만 낮은 자존감이 해결되지 않는다면 사람을 만날 때 높은 긴장감과 부담감을 느껴 시시각각 위기를 마주하게 되지요. 불안해진 관계는 결국 '역시 나는 정말 별로인 사람이야'라는 부정적인 생각을 강화하게 되고요. 이런 악순환을 막기 위해서는 나 또는 상대가 자존감이 낮을 때 보일 수 있는 징후들을 인지하는 것이 도움이 됩니다.

자존감이 낮은 사람들은 타인의 호의나 호감에 의구심을 품습니다. 스스로를 불만족스럽게 여기니, 타인이 그런 나에게 애정을 보이면 '왜 나를 좋아할까?'라는 의문을 갖게 되는 것이지요. 그래서 상대에게 수시로 "왜 나랑 사귀어?", "내가 왜 좋아?"라는 질문을 건네며 상대의 진심을 확인하려 합니다. 또한 자신의 감정에 확신을 갖지 못하기 때문에 관계에서 불만이 생겨도 말하지 않고, 상대가 요구하는 것을 항상 우선시하며 다른 사람을 기쁘게 하기 위해 애쓰기도 합니다.

하지만 자존감 낮은 사람이 자신의 욕구나 의견을 잘 드러내지 않는다고 해서, 이들이 상황에 대해 깊이 생각하지 않는다는 뜻은 아닙니다. 이들은 오히려 하나의 상황에 대해 지나치게 많은 생각을 합니다. 예를 들어 친구가 문자를 읽고 답이 없을 때 '혹시 내가 무언가 잘못했나?' 하며 과거의 일들까지 반추하거나, 관계가 끝나는 것은 아닐까 초조해하고 불안해하면서요. 상황을 관찰하며 부정적인 방향으로 생각을 확대하는 것이지요.

타인에게 피드백을 받을 때도 예외는 아닙니다. 상사가 업무 실수를 지적할 때, 그는 단순히 표면적인 실수에 대해서 지적했을 뿐이지만, 자존감이 낮은 사람은 그가 일이 아닌 자신을 비판한 것이라고 지레짐작하기도 합니다. 주말에는 쉬고 싶다는 애인의 말을 '나를 피하는 것이다'로 이해하기도 하고요. 상대의 말을 지나치게 개인적으로 해석하고 받아들이는 것이지요. 반면 다른 사람이 자신에게 '잘했다', '멋지다'라고 칭찬했을 때는 상대가 빈말을 한 것이라 짐작하며 믿지 않기도 합니다.

이들은 말뿐만 아니라 타인이 나에게 주는 애정도 온전히 신뢰하지 못합니다. 그래서 낮은 자존감을 지닌 사람일수록 관계에서 질투와 불안감을 강하게 드러내지요. 연인과의 관계에서 상대의 일거수일투족을 알기 위해 집착하거나, 애인의 과거사를 궁금해하거나, 심지어 과거 연인과 자신을 비교하며 질투하기도 합니다.

이들은 스스로를 못마땅하게 생각하는 만큼 타인의 관심과 인정을 갈구합니다. 그래서 완벽해지려 노력하고, 내면의 불안을 들키지 않기 위해 실제 내 모습을 감춘 채 다른 사람인 양 행동하기도 하지요. 그 결과 유독 한 사람에게만 더 몰두해 다른 사람과의 만남은 소홀히 하는 경향도 보일 수 있습니다.

나의 생각을 반박하라

자존감 문제를 겪는 이들이 흔히 하는 실수는 잘못된 생각에 근거해 비합리적인 믿음을 갖는 것입니다. 특히 이별과 같은 일로 관계에서 상처를 받거나, 애착을 가졌던 일에 실패하고 좌절하고 나면 합리적이지 못한 생각에 쉽게 갇히게 되지요. 부정적인 생각의 고리에 갇혀 자꾸만 움츠러들게 된다면, 과거의 어떤 사건이 나를 위축되게 만드는지 찾아보아야 합니다. 그리고 내가 그 상황을 어떻게 받아들이고 있는지 세심히 살펴야 합니다. 분명 나의 자존감을 갉아먹는 사고 패턴이 있을 것입니다.

지수 씨는 미모의 변호사로 누구나 부러워하는 스펙을 갖추었지만, 최근 오랜 연인과의 결별로 크게 위축되어 있었습니다. 결혼 적령기를 놓쳤다는 이유 하나만으로 자신을 실패자로 간주했지요. 이뿐만 아니라 나이가 많은 편인 자신을 좋아해줄 남자가 없을 것이라는 성급한 결론을 내린 채, 스스로를 과소평가하기도 했습니다. 저는 그녀에게 조언을 건네는 대신, 하나의 질문을 던졌습니다. "이 모든 것이 사실인가요?"라고 말입니다.

부정적인 생각이 꼬리에 꼬리를 물 땐, 이렇게 자신의 생각을 반박해보는 태도가 필요합니다. 잠깐만 고민해보아도, 이내 그 생각들이 잘못되었음을 확인할 수 있습니다. 지수 씨가 아직 미혼이라고 해서 그녀가 실패자인 것은 아닙니다. 결혼은 선택사항일 뿐, 성공과 실패를 가르는 기준이 될 수 없기 때문입니다. 나이가 많은 자신을 좋아할 사람은 없을 것이라는 생각 역시 그녀의 추정에 불과합니다. 나이는 그녀가 가진 조건 중 하나일 뿐, 그 자체로 그녀의 가치가 될 수는 없기 때문입니다. 즉, 모두 잘못된 생각을 근거로 한 비합리적인 믿음이었던 것이지요.

이렇게 나를 위축시키는 생각에 반문만 제기해보아도 부정적인 생각은 긍정적인 생각으로, 거짓된 믿음은 사실에 기반한 판단으로 바꿀 수 있습니다. 지수 씨의 경우 '결혼은 반드시 해야 한다. 아직 결혼하지 못한 나는 패배자다'라는 생각을 '결혼은 선택일 뿐이다. 결혼하지 않았다고 해서 내 가치가 떨어지는 것은 아니다'로 바꿀 수 있습니다. 또 '이 나이에 이별한 나는 더 이상 나를 좋아해주는 사람을 만날 수 없을 것이다'라는 믿음을 '나는 이별을 통해 사람에 대해 배웠고, 앞으로 나에게 더 좋은 인연을 만날 수 있을 것이다'라는 희망적인 성장의 밑거름으로 바꿀 수도 있습니다. 나를 사로잡는 비관적인 생각만 바로잡아도 우리는 훨씬 더 스스로에게 관대해질 수 있습니다.

자존감을 높여주려면 제대로 지원하라

"어떻게 하면 자존감이 낮은 친구를 도와줄 수 있을까요?" 내가 아끼는 사람이 스스로를 사랑하지 못하는 모습을 지켜보는 일은 참 안타깝지요. 상대의 자존감을 끌어올려 주고 싶어 곁에서 일부러 칭찬도 더 많이 해주고, 애정을 자주 표현하며 세심하게 돕기도 합니다. 그런 노력에도 불구하고 가족, 친구, 애인의 자존감이 여전히 낮으면 '이제는 내 자존감도 같이 떨어지는 것 같아' 하며 관계에서 물러나고 싶어지기도 합니다.

캐나다 워털루대학교의 메리골드 DC Marigold, Denise C. 교수는 사회적 지원과 관련한 동료들과의 연구에서, 자존감이 낮은 사람을 돕고 싶은 선한 마음이 오히려 자존감이 낮은 사람으로 하여금 반감을 갖게 할 수 있다는 사실을 발견했습니다. 상대를 돕고 싶다는 마음만 앞선 채, 잘못된 방향의 조언을 하거나 도움을 주면 상대의 부정적인 생각을 도리어 더 악화시킬 수 있다는 것입니다. 변하지 않는 상대에게 실망하기에 앞서 '내가 그에게 정말 도움이 되는 말과 행동을 하고 있었을까?'부터 점검해야 하는 이유입니다.

자존감이 낮은 사람을 응원하고 싶은 마음에 "너는 대단해!", "네가 최고야!"와 같은 말로 칭찬을 쏟아내고 있었다면, 이제는 표현을 수정할 필요가 있습니다. 이런 말은 자존감 낮은 사람들로 하여금 상대가 자신을 어린아이처럼 보살피고 있다는 느낌을 받게 해, 스스로에게 문제가 있다고 생각하게 할 위험이 있기 때문입니다.

자존감이 낮은 사람에게는 무조건적인 칭찬보다는 구체적인 행동에 근거한 칭찬을 해주어야 합니다. "너는 대단해"보다는 "오늘도 힘들었을 텐데 잘 견뎌낸 네가 대단하다고 생각해"라는 말로, "네가 최고야"보다는 "오늘 회의에서 내놓은 아이디어, 진짜 매력적이던데?"라는 말로 그의 행동을 짚어 칭찬해주는 것이 좋습니다.

외모에 불만족하는 친구에게 "너는 지금도 충분히 멋져", "걱정하지 마"라고 안심시키는 것도 도움이 되지 않습니다. 근거 없는 칭찬만 반복되면 친구는 내가 그의 감정을 깊이 이해하지 못한다고 느끼고, 자신의 감정을 더 이상 솔직하게 털어놓지 않을 수 있습니다. 이럴 때는 상대가 지금 가장 불만족스럽게 느끼는 것이 무엇인지 묻고 들어주며 깊은 대화를 이어가는 것이 좋습니다. 이때 솔직한 감정을 나에게 표현해도 괜찮다고 말해주는 것은 좋지만, 표현되지 않은 감정까지 추측하고, 강요하지 않도록 주의해야 합니다. "지금 행복하지?", "이럴 때는 슬퍼도 괜찮아"처럼 감정을 강요하는 말은 오히려 상대를 불편하게 만들 수 있습니다.

자존감이 낮은 지인들을 돕기 위해 바람직한 태도나 행동을 알려주고 싶은 유혹이 들 때도 많을 것입니다. 하지만 이런 행동은 상대에게 과잉보호로 느껴질 수 있습니다. 또한 내가 자신을 온전히 이해하지 못한다고 느끼게 할 수도 있습니다. 자존감을 높이기 위해 어떻게 생각하고, 대처해야 하는지 직접 말해주기보다는, 우선 있는 그대로의 상대를 지지하며 격려해주는 것이 더 도움이 됩니다.

그들이 힘들게 느끼는 일을 대신 해주는 것도 지양해야 합니다. 자존감이 낮은 동료를 돕기 위해 그가 힘들어하는 업무를 대신 해주는 것은 오히려 그가 스스로의 무능력함을 확인하는 계기가 될 수 있습니다. 무작정 돕기 전에, 그 사람에게 어떤 지원이 필요한지 먼저 물어보고, 그가 필요로 하는 도움을 주는 것이 진정 그를 위하는 방법입니다.

내 인생의 고삐를
남에게 넘겨주지 마라

"내가 돈 쓰고도 왜 욕을 먹어야 해?" 후배가 저에게 푸념을 늘어놓았습니다. 애인에게 값비싼 옷을 선물했지만, 그의 애인이 '왜 자신의 취향을 마음대로 바꾸려고 하냐'며 짜증을 내었기 때문이었습니다. 후배는 평소 사회초년생인 여자친구에게 세련미가 부족하다고 생각했답니다. 그래서 평소 자신이 이상적으로 생각하는 '커리어우먼career woman'처럼 멋지게 만들어 주고 싶어 옷을 선물했을 뿐인데 무엇이 문제냐며 저에게 하소연했습니다.

이처럼 친밀한 관계일수록 상대를 '관리하려는 욕구'가 관심과 배려라는 가면에 감춰질 때가 많습니다. "내가 너를 사랑하니까 하는 이야기야", "너 잘되라고 그러는 거야!", "나보다 널 아끼는 사람이 어딨니?"와 같은 말로 타인의 생각이나 행동을 바꾸려 하기 때문에 말하는 사람도, 듣는 사람도, 이것이 '애정'인지 '통제'인지 헷갈립니다.

성인 자녀의 통금 시간을 정하는 부모, 여자친구의 SNS에 업로드된 사진을 평가하며 삭제하라고 요청하는 남자친구, 평소 자신이 싫어하는 사람과 어울리지 말 것을 부탁하는 친구, 애인에게 이성 동료나 선후배들을 만나지 못하게 하는 이들까지. 모두 우리 주변에 흔히 볼 수 있는 애정을 빌미로 타인을 통제하고자 하는 사례입니다.

나도 모르는 사이 타인에게 구속당하지 않기 위해, 우리는 '통제'와 '배려'의 차이점을 분명히 인식해야 합니다. 진정한 배려는 상대에게 일방적으로 무언가를 강요하지 않는다는 사실을 기억하세요. 배려하는 사람은 설령 나와 상대의 의견이 다를지라도 상대의 선택을 있는 그대로 존중하고 지지합니다. 물론 통제도 상대를 지지하는 마음에서 비롯할 수는 있지만, 이는 반드시 왜곡되고 결함 있는 행동으로 드러납니다. 통제하는 사람은 상대가 '할 수 있는 일'과 '할 수 없는 일'을 자신이 일방적으로 정해 제시함으로써, 타인과 상황을 관리하거나 관계를 지배하려 하니까요. 지금부터 상대의 은근한 통제로부터 나를 보호하는 대처법을 공개합니다.

너를 미워할 시간에 나를 사랑하기로 했다

나를 휘두르는 말과 행동을 경계하라

전업주부인 친구가 남편과의 심각한 불화로 오랫동안 힘들어했습니다. 하지만 재정적으로 남편에게 의존할 수밖에 없는 상황이라 이혼을 결심하지 못한다고 털어놓았습니다. 남편은 아내에게 자신 명의의 체크카드로만 생활비를 쓰도록 했고, 카드의 지출 내역을 실시간 문자로 받으며 아내가 어디서 무엇을 하는지까지 확인하고 있다고 했습니다. 남편은 돈과 지출을 관리한다는 명분으로 아내의 자율성을 차단한 것이지요. 이처럼 상대를 통제하는 데 익숙한 사람들은 노골적이거나 공격적인 방식으로 자신의 지배 욕구를 드러내지 않습니다. 오히려 은밀하고 교활한 방식으로 상대의 감정과 행동을 지배하는 데 능숙합니다. 나도 모르게 나를 휘두르는 상대의 위험한 말과 행동을 미리 알아 두어야 하는 이유입니다.

통제자의 가장 주된 특징은 상대의 부탁이나 제안을 절대 쉽게 수용하지 않는다는 것입니다. "네가 하는 것 봐서"처럼 행동의 조건을 먼저 제시해 상대가 나를 위해 더 노력하게 만들지요. 반대로 자신의 요구 사항이 있을 때는 "이것도 못 들어줘?"라며 문제를 사소하게 취급합니다. 또한 타인을 조종하는 데 능한 사람은 상대가 무언가를 잘해 냈을 때, 칭찬은커녕 "앞으로 더 잘해"라며 상대의 기여를 일부러 과소평가하고, 상대가 관계를 위해 더 큰 노력을 할 수밖에 없게끔 조종합니다.

이뿐만 아니라 이들은 협박을 무기로 상황을 장악합니다. 예를 들어 상대가 자신에게 서운한 점을 말하기라도 하면 크게 소리 지르기, 울기, 물건 부수기처럼 돌발적인 언행으로 두려움과 공포를 조성해 상대의 말을 차단하는 것이지요. "계속 이럴 거면 헤어져!"라든가 "너 때문에 다 망쳤어"라는 식의 최후통첩의 말들 또한 상대의 죄책감을 자극하거나 상대를 불안하게 합니다. "네가 나 같은 사람 어디서 만나니?", "나니까 너랑 친구하는 거지"와 같은 말은 듣는 사람 스스로가 자신을 무가치한 사람으로 느끼게 해서 정말 위험합니다. 특히 다른 사람들 앞에서 상대를 공개적으로 놀리거나 빈정거리는 언행을 하면서 그 사람의 가치를 낮추는 것도 상대를 내 마음대로 지배하고 관리하려는 시도이니 주의해야 합니다.

상대의 비밀스러운 두려움을 찾아내라

타인의 지배로부터 벗어나고 싶다면 가장 먼저 그 사람의 통제 행동에 숨겨진 근본적인 '두려움'을 찾아내야 합니다. 타인을 자신의 손바닥 위에 놓으려 하는 지배적인 사람은 대개 자신의 마음 깊은 곳에 있는 공포심을 완화하기 위해 상대를 통제하려 애쓰는 것이기 때문입니다. 상대를 휘두르는 행동 뒤에 꼭꼭 숨겨 둔 마음을 찾아내는 4가지 질문을 소개합니다.

① '이 사람에게 가장 두려운 것은 무엇일까?'

타인을 통제하려는 욕구는 내면의 불확실성에 대한 두려움으로부터 시작합니다. 1년에 한 번만이라도 친구들과의 여행을 원하는 아내와 단 하루도 외박을 허락할 수 없다는 남편이 심각한 갈등을 겪고 있었습니다. 남편은 아내의 여행을 지원할 수 없는 이유로 육아 문제를 앞세웠지만, 부부 상담에서 마음속에 숨겨 왔던 진짜 두려움을 고백했습니다. 남편은 어린 나이에 결혼한 아내가 여행을 다니다 보면 새로운 경험이나 자극을 받게 될 것 같다고 했습니다. 그래서 지금 현실에 만족하지 못하고 자신과 아이들을 떠날까 봐 불안하다고요. 그런 자신의 불안을 완화하기 위해 아내의 행동을 통제하는 왜곡된 행동을 하게 된 것이었지요.

② '이 사람은 무엇을 숨기고 싶을까?'

상대를 향한 강한 지배 욕구는 때로는 자신의 나약함을 숨기고 싶은 의지의 표현이기도 합니다. 애인의 바람기 때문에 이별한 경험이 있는 사람들 중에는 새로운 연애를 시작하면 상대를 쉽게 믿지 못하고, 누구와 무엇을 하는지 강박적으로 확인하게 되어 스스로 괴롭다고 토로하는 이들이 많습니다. 이처럼 과거 타인에게 학대나 무시, 비난을 통해 상처받은 경험이 있다면, 다시는 누군가가 나에게 해를 끼치거나 내가 잘못될 일을 사전에 막기 위해 모든 것을 통제하는 선택을 하게 됩니다. 숨겨진 나약한 자신을 보호하기 위해서 말입니다.

③ '이 사람은 스스로에게 얼마나 만족할까?'

타인에게 영향력을 행사하여 자신의 불안이나 낮은 자존감을 숨기려는 이들도 있습니다. 자존감이 낮은 사람은 자신의 삶을 자기 마음대로 통제할 수 없다는 사실에 깊은 좌절감을 느낍니다. 따라서 다른 사람에게 지배적이고 공격적인 방식으로 자신의 영향력을 발휘하면서 존재감을 확인하고 싶어하는 것이지요. 그렇게 해야 관계에서 우위를 차지해 상대에게 무시당하지 않을 수 있다는 왜곡된 믿음을 가진 채 말입니다.

④ '이 사람은 어떤 환경에서 성장했나?'

통제는 학습된 행동의 결과일 수도 있습니다. 타인을 지배하고 싶은 욕구나 필요성을 느끼는 것과 무관하게 자신이 보고, 듣고, 경험한 대로 행동하는 것이지요. 어린 시절 부모님이 자녀를 엄격하게 관리하거나 과잉보호하는 환경에서 성장했다면, 상대의 행동을 제한하고 점검하는 것이 타인에게 관심을 주고 돌보는 것과 같은 행동이라고 인식할 수 있는 것입니다.

똑똑하게 묻고 따지자

친밀한 사이일수록 우리는 '좋은 게 좋은 것이지'라며 관계에서의 문제를 대충 넘기려 합니다. 하지만 더 이상 타인에게 나를 통제할 권리를 내주지 않기 위해서는 똑똑하게 묻고 따져봐야 합니다. 우리는 타인이 나를 통제하는 상황에 맞서기 위해, 다음과 같은 방식으로 그의 행동이 과연 적절한 것인지를 합리적으로 따져야 합니다.

우선, 상대의 말보다 행동에 집중하세요. 상대가 항상 '너를 위해 ~하는 것'이라고 운을 뗀다면, 나에게 사랑을 표현하기위해 상대가 무엇을 했는지 구체적으로 나열해보세요. 그리고 그것이 정말 나를 아끼는 행동이었는지 객관적으로 검토해보세요.

또한, 평소 그 사람과의 관계에서 내가 느끼는 감정을 솔직하게 마주하세요. 타인에 의해 자율성을 잃게 되면 긴장, 초조, 불안과 같은 부정적 감정이 온몸을 지배합니다. 서서히 상대의 관리에 길들면 관계에서 무력감을 느끼고, 나 혼자는 아무것도 제대로 할 수 없다는 생각에 공허함마저 느끼게 됩니다. 심지어 상대의 말과 행동으로 인해 결국 자신을 '문제 있는 사람'으로 간주할 정도가 된다면 이미 심각한 정신적 학대가 이루어진 상황입니다.

이런 상황을 막기 위해서는 의도적으로 상대의 말에 반문을 제기해야 합니다. '그 말이 사실이라는 증거는 무엇이지?', '그것이 사실이 아니라는 증거는 어디에 있지?' 등의 질문을 통해 나를 향한 상대의 언행을 하나하나 꼼꼼히 따져봄으로써 비합리적인 자책에서 벗어날 수 있습니다.

그리고 마지막으로 스스로에게 물어봐야 합니다. 똑같은 상황에 처해 있었다면, 나는 정말 사랑하는 사람에게 어떤 말을 건네고 어떤 행동을 취했을지, 그리고 그 말과 행동이 상대가 나에게 했던 것과 어떻게 다른지 말입니다. 이 질문에 답을 내려 보면, 상대가 '나를 위해'라는 말을 앞세워 자행했던 행동이 결코 순수한 애정에서 비롯된 것이 아님을 눈치챌 수 있을 겁니다.

매번 똑같은 문제로
싸우게 되는 이유

"도대체 왜 우리는 항상 똑같은 일로 싸우는 거야? 지겹다 정말."

결혼정보업체 듀오에서 진행한 2022년도 설문조사 결과에 따르면, 장기 연애 커플의 결별 사유 1위는 '같은 이유로 반복되는 싸움'이라고 합니다. 이는 비단 오래된 연인만의 문제는 아닙니다. 친구, 가족, 동료 사이에도 매번 똑같은 주제로 말다툼하게 되는 경우가 많지요.

처음 문제가 생겼을 때만 해도 우리는 이 다툼을 서로에게 맞춰가기 위한 필연적인 과정으로 받아들입니다. 그렇게 열린 마음으로 갈등 해결을 위한 대화에 참여하지만, 그럼에도 도돌이표 같은 싸움이 반복되면 두 사람 모두 지쳐 입도 귀도, 마음도 모두 닫게 됩니다. 점차 관계에 대한 불안과 불신이 깊어져 갈등을 '아무리 노력해도 어쩔 수 없는 것'으로 여기게 되고, 그 결과 관계가 소원해집니다. 지긋지긋하게 반복되는 다툼, 정말 해결할 수 없는 것일까요?

갈등의 뿌리를 추적하라

데이트 비용으로 논쟁을 반복하는 커플이 있었습니다. 두 사람은 더 이상 돈 문제로 싸우지 않기 위해 데이트 통장을 만들었고, 동일한 금액을 매달 입금하기로 합의했습니다. 그런데 그 후로 이상하게도, 사소하게 시작한 모든 다툼의 끝이 어김없이 돈 문제로 귀결되었다고 합니다. 하나의 통장까지 만들며 갈등을 해결한 것 같았지만, 둘 사이에 꼭 다루어야 할 근본적인 문제는 해결되지 않았기 때문이었습니다.

여자는 관계에서 조금이라도 금전적인 손해를 보지 않으려는 남자의 태도를 '자신을 온전히 사랑하지 않는 것'의 증거로 받아들여, 그에게 항상 불만을 품고 있었습니다. 반면 남자는 잘해주고도 상처받은 과거 연애의 경험 때문에, 여자와 돈까지 공유하는 깊은 관계로 발전하는 것에 두려움을 느끼고 있었고요.

우리는 관계에서 갈등이 생겼을 때, 불편한 싸움을 멈추기 위한 당장의 해결책을 찾느라 문제의 뿌리를 놓치고 맙니다. 하지만 제대로 다루어지지 않은 깊은 문제는 시간이 갈수록 그 위에 분노와 서운함이 쌓이고, 그렇게 쌓인 감정은 사소한 문제 앞에서 갑작스럽게 펑 하고 폭발합니다.

반복되는 논쟁을 해소하기 위해서는 숨어 있는 둘만의 깊은 문제를 찾고, 이를 해결하는 지혜가 필요합니다. '내가 정말 해결하고 싶은 것이 무엇일까?'를 진지하게 고민해봐야 하는 것입니다. 더불어 '상대는 무엇을 해결하고 싶을까?'라는 질문의 답을 찾으며 타인의 입장도 함께 이해하려 노력해야, 속에 담긴 문제를 제대로 풀 수 있습니다.

과거에 제대로 처리되지 않은 문제는 '미해결 과제'가 되어 관계에 머물며 계속해서 두 사람을 괴롭힙니다. 갈등이 생겼을 때 내가 정말 무엇을 원하는지 제대로 고민하지 않은 채 불분명하게 넘어간다든가, 모호한 말로 상대에게 이야기하면 문제는 결코 해결되지 않습니다. 모호한 표현은 서로의 의중을 잘못 해석하게 만들고, 그 결과 같은 논쟁을 반복하게 만듭니다.

동료들에게 무례한 언행을 자주 하는 팀원에게 팀장이 "팀원들끼리 서로 잘 지내야 해"라는 피드백을 건넸습니다. 그런데도 같은 문제가 반복되었다고 합니다. 그 후 팀장은 팀원을 다시 불러 면담하며 팀원의 문제가 정확히 무엇이고, 그에게 팀장으로서 어떤 변화를 기대하는지 구체적이고 단호하게 전했습니다. 그제야 팀원은 자신이 무엇을 잘못하고 있는지 깨닫고, 개선을 약속했다고 합니다.

반복되는 논쟁이 사라지지 않는다는 것은 서로에게 말하지 않고 있는 것이 많거나 서로의 생각이 제대로 전달되지 않는 비생산적인 소통을 하고 있다는 신호입니다. 말하지 않으면 상대는 결코 나의 마음을 읽을 수 없습니다. 불편하더라도 내 생각을 상대에게 명료하고 정확하게 전달해야, 근본적인 문제를 해결할 수 있습니다.

싸움이 반복되는 이유는 내 안에 있다

우리는 타인의 행동에 나의 해석을 담아 꼬리표를 붙입니다. 친구가 약속에 늦었을 때 '이 사람은 나를 만만하게 생각함'이라고 의미를 부여하는 것처럼 말입니다. 친구가 불가피하게 나의 연락을 받지 못하는 상황에서도 그가 나를 존중하지 않는다고 자의적으로 해석해 "너는 항상 왜 나를 무시해?"라며 친구에게 나의 불만과 그 근거를 되풀이해서 거론하기도 합니다.

거듭되는 다툼에 지친다면, 이처럼 내 안에 '확증편향 confirmation bias'이 자라난 것은 아닌지 의심해보아야 합니다. 확증편향이란 자신의 가치관이나 신념에 부합하는 정보만 선택적으로 취하려는 심리를 의미합니다. 쉽게 말해 내가 보고 싶은 것만 보고, 듣고 싶은 것만 들으려 하는 것이지요. 확증편향에

너를 미워할 시간에 나를 사랑하기로 했다

서 벗어나기 위해서는 상대를 평가하기 전에 그의 행동을 통해 내가 느낀 감정을 인식하고, 상대에게 그 감정을 말로 풀어 전달해야 합니다. 약속에 지각한 친구에게 '나를 무시하는 사람'이라는 꼬리표를 남몰래 붙이는 대신, "나는 네가 약속에 늦으면 나를 만만하게 대한다고 느껴"라고 내 안의 감정을 공유하는 것이지요.

관계에서의 다툼을 승패만 존재하는 이분법적 싸움으로 여기는 태도도 경계해야 합니다. 함께 문제를 해결하려는 의지보다 상대를 이기고 싶은 욕심이 커지면, 우리는 비겁하게도 서로의 아킬레스건을 찾아 공격하게 됩니다. 가까운 사이일수록 상대의 한계와 취약점을 더 많이 아는 만큼 그 취약점이 갈등의 단골 주제로 등장해 서로에게 더 깊은 상처를 주게 되지요.

만성적인 다툼을 극복하기 위해서는 혼자 이기려 하지 말고 함께 이기려고 노력해야 합니다. 공통의 목표에 집중해서 서로 조금씩 양보하고 희생할 준비를 해야 합니다. 이때 어떤 문제는 해결하지 못할 수도 있습니다. 우리는 서로 다른 사람이기 때문입니다. 해결하지 못할 문제에 대한 완벽한 답을 찾기 위해 애쓰는 대신 서로를 있는 그대로 인정하고 수용한다면, 건강한 타협점을 찾을 수 있습니다. 단, 이 모든 과정에서 의견은 대립할지라도 상대에 대한 존중은 잃지 않아야 합니다.

사람은 쉽게 변하지 않는다

부부마다 담배 끊기, 술 줄이기, 집안일 함께하기와 같은 저마다의 약속이 있습니다. 하지만 잘 지켜지지 않아 자주 갈등을 반복하지요. 아내 몰래 담배를 피우다가 걸린 남편은 "이번에는 진짜 금연 약속 지킬게"라고 아내에게 또다시 비장한 다짐을 전하며 다툼을 빠르게 종료하기 위해 애씁니다. 하지만 이 결심은 오래가지 못합니다. 사람의 행동에는 관성이 있어서, 몸에 새긴 습관을 하루아침에 바꾸기란 불가능하기 때문입니다.

많은 이들이 '사람은 쉽게 변하지 않는다'는 사실에 동의하면서도 정작 내 관계는 예외로 생각합니다. 그래서 상대가 변화를 약속해놓고서 즉시 변화한 모습을 보여주지 않으면 "나를 위해 그것도 못 해줘?", "사랑하면 당연히 서로 약속 지켜야 하는 것 아니야?", "내가 아니라 당신을 위한 거라고!" 하며 상대를 책망하고 원망하게 됩니다. 내가 원하는 대로 상대가 기꺼이 변화했더라도, 이를 관계를 위해 당연히 해야 할 일로 과소평가하고요.

바뀌지 않는 서로의 행동을 탓하며 같은 싸움을 지속하고 있다면 가장 먼저 '사람은 누구나 하던 대로 하고 싶어한다'는 사실을 되새겨 보세요. 그는 나를 사랑하지 않거나 관계가 중요하지 않아서 변하지 않는 것이 아닙니다. 그저 인간이라면 누구나 갖고 있는 습성 탓에 변화를 어려워하는 것뿐이지요.

그렇다고 변화를 포기하라는 것은 아닙니다. 변화를 위한 충분한 시간과 전략이 필요할 뿐입니다. 예를 들어 '내일부터 금주'를 요청하기보다는 마시는 횟수, 장소, 양을 서서히 줄여가는 계획을 함께 세우는 것이지요. 그 과정에서 상대가 달라지는 모습을 보여주면 노력을 충분히 인정해주고, 혹시나 다시 돌아가는 실수를 하더라도 자연스러운 과정으로 이해하고, 비난보다는 격려를 해주는 게 좋습니다.

때로는 타인을 바꾸는 것보다 내 태도와 행동을 바꾸는 것이 더 쉬울 때도 있습니다. 반복되는 싸움을 극복한 한 노부부는 '치약 뚜껑'이라는 아주 사소한 문제로 자주 싸웠다고 하는데요. 남편은 치약 사용 후 뚜껑을 항상 열어 두는 아내가 못마땅해 빈번히 화를 내고, 그것이 말다툼으로 이어졌었지만, 이제는 말없이 뚜껑을 닫아 놓는다고 합니다. 남편에게 그 이유를 묻자, 아내는 변하지 않을 것이고, 뚜껑을 닫는 데 필요한 단 5초만으로 평화를 유지할 수 있음을 깨달았기 때문이라고 말했습니다.

이처럼 아주 작은 배려만으로도 원만하게 관계를 유지할 수 있는 상황이라면 '기꺼이'라는 마음으로 상대를 위해 조금만 움직여 주는 게 어떨까요? 소중한 사람과 사소한 일로 다투기보다는 소중한 사람에게 사소한 배려를 베푸는 것이 우리를 더 좋은 인생의 길로 이끌 테니까요.

혼자서도 괜찮을 때
좋은 관계가 찾아온다

"난 이제 너 없이는 못 살아!" 드라마에서 사랑을 나누는 남녀에게는 감동적인 대사일지라도, 현실 관계에서 이 말을 내가 했거나, 상대에게 들었다면 매우 위험한 신호로 간주해야 합니다. 이 표현의 이면에는 나의 행복을 상대에게 다 맡기고, 기대고 있다는 의존적인 마음이 숨어 있으니까요.

우리는 관계 안에서 내 행복을 책임질 수 있는 사람은 오직 나뿐이라는 사실을 자주 잊습니다. 타인에게 의존적인 사람은 관계가 시작되기 전부터 '절친이 생기면', '배우자를 얻게 되면', '아이를 갖게 되면'처럼 다른 사람과 함께하면 내가 혼자일 때보다 훨씬 더 행복할 수 있다고 믿습니다. 하지만 그 마음으로 관

너를 미워할 시간에 나를 사랑하기로 했다

계를 맺으면 상대에게 강한 애착을 갖게 되어 어린아이처럼 사랑, 우정, 관심을 지속적으로 갈구하게 되지요.

상대에게 기대가 큰 만큼 실망도 크기 마련입니다. 의존적인 사람은 사소한 말다툼에도 상대와 멀어질까 두려워하고, 내가 얼마나 사랑받고 있는지 확인하고 싶어 점점 관계에 강한 집착을 보입니다. 결국 한 사람의 과도한 의존 때문에 두 사람 모두가 불행해지는 것입니다. 이처럼 가족, 친구, 애인 등의 관계에서 상대에게 끊임없이 사랑과 안정감을 요구하는 심리 상태를 '정서적 의존'이라고 일컫습니다. 타인에게 의존하지 않고, 혼자서도 행복하려면 우리에게 어떤 지혜가 필요할까요?

사랑과 의존을 헷갈리지 말라

결혼을 앞둔 후배가 최근 엄마와의 관계가 답답하다는 고민을 꺼냈습니다. 후배의 어머니는 딸에게 "결혼해도 우리 모녀 관계는 변하지 않는 거지?", "엄마가 결혼할 때 많이 도움 못 줘서 서운한 거 아니니?", "너 시집가면 엄마 허전해서 어떻게 사니?" 등의 질문을 묻고 또 묻는다고 했습니다. 후배는 딸의 결혼으로 엄마가 느낄 허전하고 아쉬운 마음은 이해하지만, 수시로 자신에게 애정을 확인하려는 엄마를 보는 것이 안타깝고 부담스럽다고 하소연했습니다.

우리는 사랑과 정서적 의존을 같은 것으로 자주 혼동합니다. 하지만 사랑으로 만들어지는 '감정적 애착'과 집착으로 만들어지는 '정서적 의존'은 엄연히 구분됩니다. 사랑은 두 사람을 자유롭게 하지만, 집착은 서로를 구속하게 하니까요. 그동안 사랑으로 착각했던 과도한 의존 징후들을 확인해보면, 어딘가 답답했던 내 마음이 보다 가벼워질 수 있습니다.

우리가 다른 사람에게 감정적으로 의지할 때 가장 흔히 보이는 행동은 애정의 대상과 떨어져 있는 시간을 견디기 힘들어하는 것입니다. 연락이 없거나 자주 보지 못하면 불안하고, 기다리는 시간이 괴롭게 느껴집니다. 초조함과 불안은 그가 어디에 있는지, 무엇을 하는지, 일거수일투족을 확인하기 위해 잦은 연락을 하는 행동으로 이어집니다.

정서적 의존이 높은 사람들은 자신의 공허함을 채우기 위해 상대의 존재가 절실히 필요하기 때문에, 상대가 다른 사람들과 어울리는 것에 강한 질투심을 내비치며 관계를 통제하려고도 합니다. 또한 자신의 존재 가치도 상대의 칭찬과 인정을 통해서 확신합니다. 그래서 '그 사람이 없으면 내 삶의 의미도 없다'고 극단적으로 생각하게 되고, 상대를 내 삶의 목표로 여기게 되는 것이죠. 결국 나의 공허함을 채워주고, 불안을 해소하고, 안정감을 주는 상대를 이상화해, 그를 '나를 절대 배신하지 않을 사람', '영원한 나의 안식처'로서 여기는 것입니다.

이렇게 자신의 애정이 애착을 넘어 의존을 향해 가고 있다면, 관계를 잠깐 멈추고 혼자 시간을 보내야 합니다. 내가 의존하는 대상에게서 떨어져 혼자 놓인다는 것은 두렵고 불안할 수 있습니다. 하지만 혼자 있는 것을 겁내고, 피하려 하지 말고 적극적으로 즐길 수 있는 방법을 찾아보아야 합니다. 요리, 산책, 반신욕, 청소, 영화 보기 등 거창한 준비 없이도 혼자서 할 수 있는 일상의 활동들은 많습니다. 나만의 시간에 무엇을 할지 미리 계획을 세우면, 홀로 덩그러니 떨어져 있는 것 같은 막막함을 줄여 갈 수 있습니다. 또한 내가 가족에게 의존을 많이 하는 상황이라면 친구, 동료처럼 더 다양한 사람들과 어울리며 한 사람에게만 기대려는 마음에 균형을 찾도록 하세요.

남에게 묻지 말고 내가 하고 싶은 대로 하라

민주 씨는 동료와의 불화로 불편한 마음을 남자친구에게 자주 털어놓았습니다. 남자친구와의 시시콜콜한 대화와 그의 조언을 통해 처음에는 위로받을 수 있어 좋았지만, 점차 남자친구가 자신이 동료를 어떻게 상대해야 할지 매번 점검하고, 대신 결정해주기를 기대하게 되었다고 합니다. 자신의 행동을 스스로 결정하지 못하게 되었던 것입니다. 마치 상사의 허가를 기다리는 부하처럼요.

정서적 의존성을 극복하려면 내 행동을 스스로 결단하고, 선택하려 노력해야 합니다. '어떡하지?'라는 당황스러움을 맞이

하는 순간에 습관적으로 다른 사람을 찾지 마세요. 이때는 내가 무엇을 원하는지 차분히 고민해야 할 시간입니다. 내가 의지하는 사람에게 내 행동의 허락을 구하는 것은 자신의 권위를 자발적으로 낮추어 관계의 불균형을 초래합니다. 이뿐만 아니라 상대가 결정한 대로 행동에 옮길 때, 맞지 않는 옷을 입은 것마냥 어색해져 오히려 상황을 더 힘들게도 할 수 있지요.

모든 답은 내 안에 있습니다. 물론 더 좋은 결정을 하기 위해 주변 사람들의 조언이 필요한 순간도 있습니다. 이때는 "내가 이렇게 행동해도 될까요?"라고 남에게 '허락'을 구하지 말고, "당신이라면 이 상황에서 어떻게 할 거예요?"라고 '조언'을 구하세요.

그리고 결정 내린 뒤에는 더 이상 뒤돌아보지 마세요. 결정에 자신이 없을 때 우리는 이미 결론을 냈는데도 "이게 맞을까?", "이게 맞는 거지?", "이렇게 해도 괜찮은 거지?"라며 다른 사람을 통해 확신을 얻고 안도하려 합니다. 하지만 나의 본능을 믿고, 내 결정에 자신감을 가져야만 결정하는 힘을 차근히 길러갈 수 있습니다.

또한 의사 결정을 자유롭게 하는 힘을 키우기 위해서는 일상의 작은 순간들을 놓치지 말아야 합니다. 점심 메뉴를 고를 때 상대의 결정에만 따르지 말고 내가 먹고 싶은 것 고르기, 평소 갖고 싶은 것이 있었다면 내가 나를 위해 선물하기처럼요. 이

너를 미워할 시간에 나를 사랑하기로 했다

렇게 일상의 사소한 경험을 쌓아 스스로 결정하는 힘을 기르면, 비로소 누구에게도 얽매이지 않는 해방감을 얻게 됩니다.

내면의 아이를 만나라

가수 A 씨가 TV 상담 토크쇼에서 마흔이 돼서야 부모에게서 정서적으로 독립할 수 있었던 자신의 사연을 공개했습니다. 통제하는 아버지와 과잉보호하는 어머니 사이에서 성장한 그는, 그 과정에서 부모에게 과도하게 의존할 수밖에 없었다고 털어놓았습니다. 그래서 이제는 더 이상 부모에게 감정적으로 얽매여 있지 않은 상황인데도 여전히 혼자 결정해야 하는 상황에서 '아버지라면 어떤 선택을 할까?'라는 고민부터 하게 된다고 고백했습니다. 저는 가수 A가 시청자에게 자신의 과거를 이야기하는 과정에서 불안하고, 답답했던 어린 자신을 마주하고 있는 모습이 반갑게 느껴졌습니다. 정서적 의존은 어린 시절에 겪은 감정적인 어려움에서 시작되는 만큼, '내 안의 나'를 만나는 일은 정서적 의존을 끊어내는 좋은 출발점이 될 수 있으니까요.

심리학자 칼 융은 어릴 적 나에 대한 기억, 감정, 욕구를 간직하고 있는 마음속 자아를 '내면 아이Inner Child'라고 지칭했습니다. 이 내면 아이가 상처받았거나 정서적 욕구가 충족되지 않으면 지속적으로 타인에게 나를 맡기고 의지하려 합니다.

정서적 의존에서 벗어나려면 어린 시절에 참아야만 했던 분노, 슬픔 등의 감정을 나부터 인정하고 공감해주어야 합니다. '그때 정말 속상했었어'라고 혼잣말을 해도 좋고, 떠오르는 감정을 종이에 적는 것도 추천합니다. 오랜 시간 갇혀 있었던 감정을 꺼내는 순간, 우리는 내면 아이와의 연결을 경험합니다.

내 안의 아이와 만났다면, 나의 정서적 의존 패턴이 그동안 어떤 모습으로 발현되고 있었는지 탐색해야 합니다. 가수 A 씨는 부모에 대한 과도한 정신적 의존으로 오랫동안 자신의 감정을 억누르는 데만 익숙해졌고, 그 결과 자신을 향한 악플을 봐도 덤덤하고, 악플러를 이해하려고까지 해서 회의감이 든다고 했습니다. 이처럼 내면 아이가 언제 내 일상에 불쑥 나타나는지 인식함으로써, 어른이 된 우리는 의존적 상황에 보다 현명하게 대처하며 상처받은 과거를 위로하고, 나를 파괴하는 행동을 막을 수 있습니다.

어떤 짜증은
내 마음이 만든다

　"아이 짜증 나!" 깊은 한숨과 함께 우리가 자주 내뱉는 혼잣말입니다. 우리는 상대의 사소한 습관이 거슬리거나, 그가 무례한 태도, 행동을 보일 때 불쾌감을 느낍니다. 때로는 특별한 이유도 없이 누군가에게 짜증이 나기도 하고요. 타인의 행동을 탐탁지 않게 여기고, 그의 존재에 불편함을 느끼는 것은 인간에게 매우 자연스러운 감정입니다. 이렇듯 누구나 관계에서 '짜증'을 흔히 경험하지만, 많은 이들은 이 감정을 다루는 일에 서툴러 감정을 회피하고 싶어하지요.

　짜증이 나면 마음이 초조해지고, 평소보다 긴장감을 느끼게 됩니다. 그래서 사소한 자극에도 쉽게 화를 내고, 충동적인 말과 행동으로 상대를 비난하고 이내 후회하기를 반복하게 되지요. 감정을 드러내지 않으려고 애쓰며 나를 짜증 나게 하는 사람과의 만남을 의도적으로 피하거나 속으로 삭이려고도 하지만, 이는 오래 가지 못합니다. 건강하게 해소되지 못한 짜증은 결국 겉으로 튀어나와 관계를 불안하게 만듭니다.

우리가 가까운 관계의 사람에게 느끼는 짜증스러운 마음이 나쁘거나 무의미한 것은 아닙니다. 이를 통해 현재 관계에서의 문제점을 확인할 수도 있고, 서로가 서로에게 바라는 것을 점검해 관계를 성장하게 만드는 계기로 삼을 수 있기 때문이지요. 짜증이라는 골치 아픈 감정을 유용하게 활용하는 노하우를 공유합니다.

다정함은 체력에서 나온다

동생의 부탁으로 두 돌이 된 조카 서현이를 잠시 돌보았습니다. 비록 육아 경험이 없는 고모이지만, 서현이는 애교 많은 순둥이였기에 둘만의 시간을 자신만만해했었지요. 그런데 서현이가 잘 놀다가 갑자기 생떼를 부리고, 짜증을 내기 시작하자 몹시 당황하고 말았습니다. 동생에게 전화해 상황을 알리니 동생은 아이가 졸려서 그런다며, 같이 자고 일어나면 된다고 하더군요. 그날 저는 조카를 재우며 애나 어른이나 똑같다는 생각에 피식 웃음이 났습니다. 오죽하면 직장인들이 상사에게 보고

할 때는 배고픈 시간을 피해 식사 후에 하라는 꿀팁을 서로 공유할까요.

잠을 충분히 자지 못하거나, 배가 고프거나, 일이 많아 피로가 쌓이면 사람은 예민해집니다. 그래서 주변 사람들에게 의도치 않게 날 선 반응을 했던 경험이 누구에게나 있을 것입니다. 가족, 친구, 애인을 챙기느라 나는 뒷전이 되고, 다른 사람들에게 너무 많은 에너지를 쏟을 때도 부쩍 짜증이 많아집니다.

그런데도 우리는 '내가 왜 짜증이 날까?'라는 고민의 답을 단순히 타인에게서만 찾습니다. 그 사람이 나를 짜증 나게 한 것이라고 문제를 끝맺어 버리기 일쑤이지요. 사실은 내 몸이 무척 피곤하고, 마음의 여유가 없어 시작된 짜증인데도요.

우리는 현재 나의 삶에서 무슨 일이 일어나고 있는지 좀 더 주의 깊게 살펴봄으로써 내 짜증의 근본 원인에 접근할 수 있습니다. 내가 요즘 부쩍 짜증을 많이 낸다는 것은 그만큼 내 안의 여유가 사라졌다는 신호입니다. 평소보다 훨씬 잦은 빈도로 '짜증 나!'라는 말을 반복하게 된다면, 잠시 일상에서 떨어져 조용히 나만을 위한 시간을 가져야 합니다.

내 생각이 틀릴 수도 있다

소희 씨는 말이 별로 없는 남편 때문에 자주 짜증이 난다고 불평했습니다. 저는 그런 그녀에게 물었습니다. 결혼을 결심하게 한 남편의 매력은 무엇이었냐고요. 그녀는 답했습니다.

"그 사람은 언제나 제 얘기를 잘 경청해줬어요. 과묵한 모습이 진지해보여서 좋았고요."

많은 사람들이 이전에는 상대의 장점으로 여겼던 특징을 시간이 지나 단점으로 인식하기도 합니다. 상대는 똑같은 행동을 하고 있는데, 내가 그 행동을 해석하는 방식이 달라진 것이지요. 관계 초기에는 서로의 좋은 점에만 집중하고, 둘의 사이도 완벽할 것이라고 기대하지만, 안정기에 접어들면 기대처럼 모든 것이 충족되지 않아 불편함을 느끼게 되고, 이를 상대에게 '투사'합니다.

투사는 내가 인정할 수 없는 부정적인 생각이나 욕구를 다른 사람의 책임으로 넘기는 것입니다. 남편이 말이 없다면, 아내인 소희 씨가 더 적극적으로 대화를 이끌어 가며 문제를 쉽게 해결할 수도 있습니다. 그러나 아내가 남편에게 자신의 부정적인 감정을 투사하면, 한 발 뒤로 물러나 남편을 지켜보며 '왜 저렇게 재미가 없는 거지?', '말 좀 많이 하면 안 되나?'라며 짜증나는 감정을 남편에 대한 불만으로 옮기게 되고, 그 결과 부정적인 마음이 점점 더 커지게 되는 것이지요.

때로는 '판단의 오류'가 나에게는 관대하고 타인에게는 신경질을 쏟게 만들기도 합니다. 업무 메일에 늦게 회신하는 동료가 짜증스러울 때, 그의 지나치게 신중하거나 게으른 성격에 대해

투덜거리면서, 막상 내가 답변을 바로 하지 못하면 지금 일이 많아서 어쩔 수 없다고 합리화하기도 하잖아요. 이런 판단의 오류를 '행위자–관찰자 편향actor-observer bias'이라고 합니다.

사람들은 자신의 행동에 대해서는 상황의 맥락을 우선시해 이해하려 하고, 관찰자가 되면 타인의 행동은 그들의 성격, 성향 때문인 것으로 과대평가합니다. 요컨대 상대의 잘못이 아니라 내 머릿속 판단 오류가 나의 짜증을 증폭시키는 것이지요. 따라서 누군가에게 짜증이 날 때는 그의 상황을 이해해보려는 노력이 필요합니다. 동생이 설거지를 하지 않고 외출해 짜증이 나려 한다면, "미루는 성격 진짜 짜증 나!"라고 외치기 전에 '오늘 일이 많았나 보네', '돌아와서 하려나 보다' 하며 그가 처한 상황과 맥락을 먼저 살펴주는 것이지요. 이런 생각만으로도 내 안의 짜증 지수가 반으로 줄어듭니다.

짜증을 돋우는 대화 방식을 점검하라

고속 열차에서 의자를 뒤로 젖힌 남성과 그 뒷자리에 앉은 여성 승객의 다툼 영상을 보았습니다. 남성이 젖힌 의자 때문에 불편함을 느낀 여성은 남성에게 "이보세요! 지금 다른 의자들 보세요. 이렇게 뒤로 가 있는가!" 하고 소리를 지르며 대화를 시작하더군요. 이에 남성이 막말로 대응했고, 이후 객실은 둘 사이의 고성과 욕설로 가득 찼습니다. 영상을 본 네티즌은 '남성과 여성 둘 중에 누가 더 잘못한 것인가'를 두고 갑론을박을 펼쳤습니다. 공공장소에서 무리하게 자신의 편의만을 생각하고 행동한 남자가 무례했지만, 여자가 공격적으로 문제를 제기해 불필요한 싸움으로 번진 것이라는 의견이 많았습니다.

상대로 인해 생긴 내 안의 불편한 감정을 상대에게 전달하고 문제를 해결하려는 것은 바람직한 시도입니다. 하지만 상대의 행동을 지적하는 말로 대화를 시작한다면 기대하는 결말에 이를 수 없습니다. 다짜고짜 문제 행동에 대해 비난하거나 "도대체 당신은 왜 그렇게 하는 것이죠?"라는 날 선 질문을 던지는 것처럼 말입니다. 이야기를 듣는 사람은 자신의 성가신 습관이나 행동이 타인에게 어떤 영향을 미쳤는지 인식하지 못하는 경우가 많습니다. 그래서 상대의 요청에 당황스러움을 느끼고, 방어적인 자세를 취하며 불쾌함을 표출하게 되는 것입니다.

나를 짜증 나게 하는 사람을 대할 때의 필수 원칙은 침착함을 유지하는 것입니다. 상대의 태도와 상관없이 내 마음을 차분히 하려면 객관적으로 문제를 점검하는 시간이 필요합니다. '그 행동이 실제 나에게 얼마나 영향을 미치고 있는가?', '나뿐만 아니라 주변 사람들도 그 문제로 괴로워하고 있는가?', '대화를 통해 해결할 수 있는 문제인가?', '그에게 그럴 수밖에 없는 사정이 있지는 않은가?'와 같은 질문은 그 사람 자체를 골칫거리로 여기는 좁은 시각에서 벗어나, 문제 상황을 전체적으로 조망할 수 있도록 도와줍니다.

　이 과정을 거친 뒤에도 내 마음을 혼자 달래는 것만으로는 이 상황을 해결할 수 없다고 판단했다면, 이제 대화를 통해 상대와 함께 문제의 답을 찾아보세요. 이때 지시보다는 권유의 표현을 사용하는 것이 좋습니다. "나한테 퉁명스럽게 말하지 마!"라고 지시하기보다는 "나에게 더 친절하게 대해주면 좋겠어"라고 내가 바라는 행동을 권유하는 것이지요. 옳은 말을 이기는 것은 다정한 말이라는 것을 잊지 마세요. 부드러운 표현으로도 충분히 내 감정을 개방적이고, 정직하게 전달할 수 있습니다.

타인의 언어로
나를 정의하지 마라

"나는 최선을 다하고 있는데 여자친구는 나에게 늘 더 잘하라고 말해요.""상사가 내 도움을 당연하게 여겨요.""엄마는 늘 오빠랑 나를 비교해요.""그 친구는 내가 매번 밥을 사줘도 고맙다고도 안 한다니까요.""남편이 한마디 상의도 없이 이직 결정을 혼자 끝내고서 저에게 통보하네요."

이는 모두 관계에서 내 가치를 제대로 인정받지 못한다고 느낄 때 하게 되는 고민입니다. 독일 철학자 악셀 호네트Axel Honneth는 그의 저서 《인정투쟁》에서 인간은 타인에게 자신의 노력이나 기여를 존중받고 인정받음으로써 자기 정체성을 확인하고 싶어한다고 말했습니다. 이 인정 욕구가 충족되지 못할 때 우리는 굴욕감, 분노, 상실감을 경험하게 된다고 하지요.

누군가에게 '좋은 사람'이 되려 애쓸수록 인간은 타인의 인정에 점점 더 예민해집니다. 우리는 회사에서는 일 잘하는 능력자로 평가받고 싶고, 애인에게는 세상에서 가장 다정한 사람이 되고 싶고, 친구나 가족에게는 삶의 든든한 동반자로 여겨지고 싶어합니다. 그리고 나의 기여에 대한 상대의 존중과 감사를 통해 나의 존재 의미를 확인하고자 합니다. 그래서 저마다의 방식으로 고군분투하며 나의 존재감 확인을 위해 시간과 에너지를 쏟지요. 기대한 만큼 상대가 자신을 인정해주거나 반응을 보이지 않을 때는 인내심을 갖고 더욱 최선을 다해도 봅니다.

그럼에도 상대에게 지속적으로 과소평가 받는다면 서운한 마음이 들 수밖에 없습니다. 서운한 마음은 잦은 언쟁과 다툼으로 번져 관계에 균열을 만들지요. 충족되지 않는 인정 욕구가 마음속에서 좌절감으로 자리잡으면, 이것이 결국 관계를 파국으로 이끌기도 합니다. '나는 부족한 사람 같아. 아무리 노력해도 안 될 거야'라며 스스로를 부정적으로 평가하고, 나아가 관계에서의 고립을 자처하게 되지요.

반대로 관계에서 느낀 서운함이 상대를 향한 원망으로 왜곡되어 스스로에게 희생자라는 프레임을 씌우게 할 수도 있습니다. 이런 경우 나에게 상처를 준 상대에게 오히려 공격과 비난을 가하게 되고, 그 결과 관계는 회복할 수 없는 파국으로 치달

게 됩니다. 따라서 우리는 내 안의 인정 욕구를 현명하게 다루는 방법을 알아 두어야 합니다.

문제의 실마리는 내 안에 있다

상대에게 내 존재를 부정당했다는 생각이 들면 서운하고 속상한 마음에 괴로움을 느낍니다. 이때 느껴지는 내 안의 여러 불편한 감정들은 결코 틀렸거나 잘못된 것이 아닙니다. 다만, 나의 힘든 감정의 원인과 책임을 모두 상대의 탓으로만 돌리고 싶어지는 마음을 경계해야 합니다. 때때로 우리는 '스스로' 만든 마음속 불안과 막연함을 나를 존중하고 인정해주지 않은 상대 탓에 생긴 것이라 오해하기 때문입니다. 타인에게 인정받고 싶은 욕구를 향한 채워지지 않는 갈증의 답은 오히려 내 안에서 찾을 수 있을 때가 많습니다. 나의 상황과 마음을 차분히 점검할 용기가 있다면 말입니다.

엄마가 '항상' 자신을 과소평가해 불만이라던 딸에게 정말 지금까지 단 한 번도 엄마로부터 인정받은 적이 없는지 물었습니다. 딸은 잠시 당황하더니 늘 그랬던 것은 아니라고 하더군요. 문제의 발단은 엄마의 조언이었다고 했습니다. 공무원 시험 준비가 길어져 힘들어하는 딸에게 엄마가 취업 준비를 제안했었다고 합니다. 그 후 딸은 언제나 내 편이었던 엄마가 더 이상 내 능력을 믿지 못한다고 생각해, 엄마의 안부 문자마저 감시처럼 느껴졌다고 고백했습니다.

"열 번 잘해준 것은 잊고, 한 번 못 해준 것만 기억한다"는 말이 있지요. 사람은 상대에게 한 번 서운한 마음이 생기면, 그의 행동에 부정적인 의미를 계속 부여하고, 행동에 담긴 의도를 확대해석합니다. 지난 시간 동안 나를 알아주고, 인정해줬던 상대의 말과 행동은 모두 잊어버린 채로요.

나를 인정하지 않는 것 같은 상대의 태도에 '절대', '항상', '늘'이라는 말을 붙이기 전에 그동안 상대가 내게 표현했던 긍정적인 태도와 메시지들을 돌이켜 생각해보고, 그때의 감정도 떠올려보세요. 상대가 마냥 인정에 인색한 사람이 아니었다는 사실을 깨닫게 될지 모릅니다.

리더로서 존중받지 못해 자괴감에 빠진 팀장을 코칭한 적이 있습니다. 정말 그를 존중하지 않는 팀원이 문제인지 확인해보기 위해 팀원들만 따로 불러 의견을 들어봤습니다. 흥미롭게도 팀원들의 불만 또한 팀장과 같았습니다. 팀장이 팀원 개개인의 가치를 제대로 인정해주지 않는다는 것이었어요. 팀장은 '월급 받으면 이 정도는 당연히 해야지'라며 팀원들의 성과와 노력을 알아주지도 않고, 팀원들에게 무관심해 신뢰를 얻지 못했다고 해요.

이 얘기를 들으며 "내가 대접받고 싶은 대로 남을 대하라"라는 말이 떠올랐습니다. 내가 남들에게 인정받고 싶다면 나 또한 타인의 존재와 기여를 알아봐 주고, 또 고마움을 표현해줘야 합니다. 상대가 내 기여나 존중을 대수롭지 않게 여긴다는 생각이 든다면, 먼저 나부터가 상대에게 충분히 마음을 전하지 못하고 있지는 않은지 점검해보세요.

서로 다른 표현법을 확인하라

"자기는 왜 고맙다는 말을 안 해? 나를 너무 당연하게 생각하는 거 아니야?" 후배가 이러한 예비 신부의 물음에 큰 충격을 받았다고 했습니다. 평소 조용하고 무뚝뚝한 성격의 후배는 말보다 행동으로 예비 신부에게 고마움과 애정을 보여왔다고 합니다. 그녀와 가능한 한 가장 많은 시간을 보내려고 노력했고, 좋은 선물도 자주 하고, 주변 친구들에게 늘 자랑할 만큼 그녀를 아껴왔다고요. 그런데 예비 신부는 그가 말로 고마움을 전하지 않는다는 이유로 계속 서운하고 불만이라고 하니, 그동안 기울였던 자신의 노력까지 부정당하는 듯해 억울한 것이었습니다.

이처럼 사람은 저마다 다른 방식으로 인정을 표현합니다. 이 중에서 절대적으로 옳은 방식이라는 것은 없습니다. 따라서 서로 다른 '인정의 언어'를 아는 것이 중요합니다. 서로의 언어를 알고 있어야 후배 커플과 같은 오해를 막을 수 있겠지요.

'상대가 어떤 말을 했을 때 내가 인정받는다고 느끼는지', '어떤 행동이 나를 더 힘이 나게 하는지'에 대해 직접 대화로 공유하는 것이 그 이해의 시작이 될 수 있습니다. 단, "말하지 않으면 몰라. 행동도 중요하지만 말로 해!"라고 상대를 다그치기보다는 "나는 '고마워'라는 말을 들을 때 가장 힘이 나"처럼 내가 중요하게 생각하는 가치를 부드럽게 전달해야 합니다. 이후 상대가 내가 원하는 방식으로 나를 인정해줬을 때, 기쁜 감사의 표현으로 화답한다면 큰 시너지가 나겠지요.

내 삶에 집중하라

우리는 상대가 도움을 요청하지도 않았는데 자기만족을 위해 무리해서 에너지를 쓰며 상대를 돕고, 상대에게 대가를 바라는 실수를 하기도 합니다. 내가 미리 챙겨주면 상대가 더 고마워할 것이라 기대해 열심히 도움을 주곤, 도리어 "누가 도와 달래?"라는 야멸찬 반응을 듣기도 합니다. 서둘러 친해지고 싶어서 보낸 선물을 부담스럽다는 이유로 돌려받기도 하고요.

이처럼 상대에게 내 존재 가치를 인정받고자 했던 나의 노력 때문에 오히려 어색한 관계가 되는 경우가 많습니다. 모두 내 삶의 중심이 타인이나 관계에 치우쳐서 발생하는 착오입니다. 나의 존재감을 빛내기 위해서는 오히려 상대가 내게 도움을 요청할 때, 그가 원하는 방식으로 도움을 주어야 합니다. 좋은 선배가 되고 싶은 내 욕구에만 집중하면 잔소리하는 꼰대가 될 수도 있지만, 후배의 도움이 필요한 순간을 기다렸다가 그가 진짜 나를 필요로 할 때 구세주처럼 도움을 준다면, 의지하고픈 든든한 선배가 될 수 있는 것처럼요.

또한 다른 사람의 인정, 칭찬에서 자유로워지는 가장 확실한 방법은 어떤 경우에도 내 삶에 온전히 몰입하는 것입니다. 나를 위한 투자를 게을리하지 않으면서요. 있는 그대로의 나를 인정해주는 사람들과 더 많은 시간을 보내고, 새로운 것을 배우고 성취하는 과정을 즐겨보세요. 결국 내가 나를 인정하지 못하면 아무리 상대가 나를 칭찬하고 격려한다고 해도 내 안의 인정 욕구는 채워지지 않을 테니까요.

너를 미워할 시간에 나를 사랑하기로 했다

내가 틀릴 수도 있다,
그것도 자주

'내로남불'이라는 신조어가 사자성어처럼 일상에서 자주 쓰입니다. '내가 하면 로맨스 남이 하면 불륜'의 줄임말로 흔히 '똑같은 상황에서 나에게는 관대하고 타인에게는 비판적인 이중적인 태도'를 비꼴 때 쓰입니다. 사람들이 자기 자신에 대해 얼마나 오해하고 있는지 보여주는 말이기도 하고요.

조직 심리학자 타샤 유리크Tasha Eurich는 사람들이 자기 자신을 얼마나 잘 알고 있는지 파악할 수 있는 '자기 인식 조사 연구'를 진행했습니다. 실험에 들어가기 전 진행한 설문조사에서 실험 참가자 중 95%는 '나는 나에 대해 잘 알고 있다'고 답했지만, 실제 연구 결과, 자기 인식을 잘하는 사람은 전체 실험 참가자 중 10~15%에 불과하다는 것이 밝혀졌습니다. 내가 생각하는 나와 실제의 나는 많이 다른 것이죠.

이처럼 자기 인식self-awareness은 나의 감정, 생각, 행동을 이해하고, 다른 사람들이 나를 어떻게 보는지 스스로 알아차리는 능력입니다. 우리가 내로남불 하지 않으며 살기 위해서는 자기 인식 능력을 갖춰야 합니다. 그래야 스스로를 객관적으로 볼 수 있고, 다른 사람들과 깊은 관계를 만들어 나갈 수도 있습니다.

갈등의 원인을 내 안에서 찾아라

일상에서 자기 인식이 부족한 사람들은 어떤 모습으로 비칠까요?

저는 매년 팀원들에게 동일한 원성을 듣는 팀장들을 자주 만납니다. 이런 팀장은 자기 인식에 서툰 사람일 가능성이 높습니다. 자신의 생각을 객관적으로 바라보기 어려워하기 때문에 자신이 '틀렸다'라는 사실을 인정하기도 어려워하는 것이지요. 왜 타인과 자신의 의견이 다른지 이해하지 못해서 팀원에게 매년 듣는 부정적인 피드백을 수용하지 못합니다. '내 생각이 옳다'는 신념이 강한 탓에 주변에서 조언이나 충고를 하면 '나에 대해서 뭘 안다고?'라며 방어적으로 대처하기도 합니다. 그 결과 같은 실수를 반복하게 되고요. 심지어 내가 틀리지 않았다는 것을 증명하고 싶어 무리수까지 두니, 주변 사람들은 그를 융통성 없는 사람으로 여길 수밖에 없습니다.

반대로 팀원의 자기 인식 부족으로 골머리를 앓는 팀장의 사례도 있었습니다. 승진에서 누락된 팀원은 팀장에게 그의 부당한 편애 때문에 자신이 피해를 본 것이라고 항의했습니다. 팀장은 성과 면담을 진행하며 팀원이 잘한 점과 개선해야 할 점을 공유하며 객관적으로 설명했지만, 그의 팀원은 부정적인 피드백에만 꽂혀 화를 내고 변명하기에 바빴다고 합니다. 모든 책임을 회사나 동료의 탓으로 돌리면서요.

이처럼 자기에 대한 인식이 부족한 사람들은 피해자를 자처하며, 타인 또는 상황에 책임을 전가합니다. 내가 어떤 사람인지 제대로 이해하기 위해서는 나에 대한 균형적인 관점을 유지하는 태도가 필요한데요. 자기 인식이 부족하면 스스로를 평가할 때는 지나치게 긍정적인 특성에만, 타인을 평가할 때는 지나치게 부정적인 특성에만 집중하는 경향이 있습니다.

상황에 맞지 않는 과한 감정의 표출도 자기 인식이 부족할 때 나타납니다. 아내와 다투고 불편한 마음으로 출근한 팀장이 팀원의 작은 실수에 불같이 화를 내는 상황처럼요. 내가 왜 화가 났는지, 지금 내 감정이 어떤지 정확히 알지 못할 때 우리는 문제에 과잉 반응하게 되기 때문입니다.

이처럼 자기 인식의 부족은 회피적인 태도와 충동성으로 곧잘 드러납니다. 자기 인식이 낮은 사람은 감정을 무조건 억압하려 하는 경향이 있고, 타인에게 잘 공감하지 못하는 모습도 보입니다. 또한 타인과 갈등이 생겼을 때, 자기 자신의 마음을 객관적으로 알지 못하기 때문에 갈등을 해결하기 위한 깊은 대화는 피하고, 자신이 무엇을 원하는지 잘 전달하지 못하기도 합니다. 이뿐만 아니라 특정 문제와 상황에 대해 깊이 고려하지 않고 충동적으로 의사 결정을 해서, 결정을 이내 후회하게 되기도 합니다. 이것이 모두 내가 나를 객관적으로 보지 못할 때 생기는 결과입니다.

셀프 모니터링 실력을 키워라

저는 사내 연애를 지켜본 적이 있습니다. 당사자들은 아무도 모르게 연애를 하고 있다고 생각했지만, 주변 동료들은 두 사람의 비밀 연애를 금세 눈치챘지요. '사내 연애는 복사기도 안다'는 말이 실감 났습니다. 남녀가 전략적으로 관계를 숨기려 애쓰는데도 불구하고, 왜 항상 사내 연애는 쉽사리 들키게 되는 것일까요? 사랑에 빠진 이들은 자신들의 감정에 빠져 서로의 눈빛, 표정, 말, 행동이 동료들에게 어떻게 비칠지 수시로 살피지 못하기 때문입니다. 타인에게 비치는 내 모습에 대한 검열이 충분하지 않은 것이지요.

'셀프 모니터링self-monitoring'은 심리학자 마크 스나이더Mark Snyder가 제안한 개념입니다. 타인과의 관계에서 나의 언행이 어떻게 영향을 미치는지 인식하고, 이에 따라 자신의 행동을 통제할 수 있는 능력을 의미하지요. 셀프 모니터링이 잘 이루어진다면 우리는 상황에 맞게 자신의 감정을 조절하고, 유연하게 행동을 바꿀 수 있습니다.

후배에게 '꼰대'로 인식되고 싶지 않은 사람이 '이렇게 말하면 나도 꼰대일까?' 하며 자신의 생각을 점검하고, 후배의 반응에 따라 대화 주제를 조정하는 행동은 높은 수준의 셀프 모니터링을 보여주는 것입니다. 반면 셀프 모니터링 수준이 낮으면 자신의 행동을 성찰할 기회나 역량이 부족해 미성숙한 행동을 반복하고, 타인에게 상처를 주기도 하지요.

다행히 셀프 모니터링 수준은 노력으로 향상시킬 수 있습니다. 먼저, 자신에게 정직해야 합니다. 나의 감정, 생각, 행동을 있는 그대로 인정하고, 솔직하게 수용할 준비가 되어야만 나 자신과 진실하게 마주할 수 있으니까요. 자기 관찰은 정기적이고 지속적으로 진행되어야 합니다. 어쩌다 한 번 상대가 나를 어떻게 생각할지 고민하는 것이 아니라, 꾸준하게 내 모습을 추적하면서 나에게서 자주 보이는 패턴을 감지하고, 이것이 관계에 어떤 영향을 미치는지 확인해야 합니다.

이 과정에서 때로는 피하고 싶은 나의 잘못이나 실수를 확인할 수도 있습니다. 그럼에도 정직하고, 진실한 자세로 나의 행동을 인정하고 관찰하세요. 다만 지나치게 강박적일 정도로 타인의 시선을 의식해 나의 행동을 관찰하고 바꾸는 것은 추천하지 않습니다. 결국 셀프 모니터링은 '내가 어떤 사람인지' 더 잘 이해할 수 있도록 돕고, 나의 행동이 타인에게 미치는 영향을 잘 인식하는 여정입니다. 우리는 나 자신을 객관적으로 바라보며 자신의 감정, 행동에 더 많은 책임감을 갖고, 건강한 관계를 만들어 갈 수 있어요.

다른 사람의 눈으로 보아라

"여보는 장모님이랑 왜 이리 무뚝뚝하게 통화해?" 남편의 말을 듣고 저는 당황스러웠습니다. 저는 엄마에게 언제나 세심하고 따뜻한 딸이라고 스스로 자부하고 있었으니까요! 남편의 말로 인해 엄마를 향한 애정까지 부인당한 기분이 들어, 저는 엄마와의 녹음된 통화 내용을 재생해보았습니다.

그런데 분명 몸이 좋지 않은 아빠를 챙기느라 힘들었을 엄마를 위로하고 고마움을 전하기 위해 건 전화였건만, 저의 첫마디는 "엄마! 아빠는?"으로 시작하더군요. 엄마에게 안부도 전하지 않은 채 아빠부터 챙겼던 것입니다. 엄마가 걱정을 내비치기라도 하면 공감은커녕 "어"라는 짧은 답변으로 엄마를 무안하게 하고 있었고요. '언제나 엄마를 잘 챙기는 딸'이라는 혼자만의 착각에 빠진 제가 정말 한심하게 느껴졌고, 부끄러웠습니다. 다행히 이 일을 계기로 저는 엄마의 안부를 가장 먼저 챙기고,

너를 미워할 시간에 나를 사랑하기로 했다

더 다정하게 정성을 담아 대화하고 있지요.

코칭 기법 중에 '그림자 코칭shadow coaching'이라는 것이 있습니다. 코칭 전문가가 팀 회의와 같은 고객의 일상에 함께하며 그가 평소에 어떻게 말하고, 행동하는지 패턴을 관찰해 공유함으로써 고객의 자기 성찰을 돕는 과정이지요. 이때 코치는 그림자처럼 고객을 지켜보며 그가 평상시에 보지 못한 스스로를 객관적으로 인식해 변화할 수 있도록 돕는 역할을 합니다.

우리 주변에도 나의 그림자가 되어 내 모습을 지켜봐 주는 사람들이 많습니다. 바로 가까운 가족, 친구, 동료들입니다. 그들이 때로는 나에 대해 더 잘 알고 있지요. 그들은 내가 살피지 못하는 내 모습까지 지켜보고 있으니까요. 그런 타인이 전해주는 나에 대한 정보는 매우 귀합니다. 내가 몰랐던 나의 모습을 깨닫게 해주기 때문입니다.

다만 이 방법에는 한 가지 문제가 있습니다. 나와 가까운 관계의 사람일수록 내 기분이 상할까 봐 걱정하고, 자칫 오해가 생길 것을 염려해 나에 대한 솔직한 생각과 감정을 전달하기 부담스러워한다는 것이지요. 이럴 땐 가족, 친구, 동료들에게 피드백을 먼저 요청해보세요. 내가 잘하고 있는지, 나의 어떤 점을 강점으로 느끼는지, 어떤 모습을 개선하면 좋을지에 대해서 의견을 전해주면 좋겠다고요. 새로운 내 모습을 발견하고, 성찰하는 데 큰 도움이 될 것입니다.

단, 주의할 점이 하나 있습니다. 상대의 의견이 나의 관점과 다를 때 서운함을 느끼거나 변명을 덧붙여 가며 내 행동을 정당화하려고 애써서는 안 됩니다. 이 시간만큼은 타인의 생각을 전적으로 수용하겠다는 굳은 다짐으로 대화에 임해야만, 진정으로 변화할 수 있습니다.

5장

상처 없이
익어 가는 사람은 없다

생각의 꼬리를 잘라야
오늘을 살 수 있다

꼬리에 꼬리를 무는 생각들로 쉽게 잠들지 못하는 밤이 있습니다. '이렇게 했어야 하는데'라는 후회가 머릿속을 맴돕니다. 상대에게 미처 전하지 못한 나의 말과 행동에 대한 후회는 '그런데 그 사람은 나에게 왜 그렇게 말한 거지?'라는 의문으로 확대되어 상대의 속마음까지 파헤치려 애쓰게 되기도 합니다.

'과거를 통해 배운다'라는 말처럼 우리는 지난 경험을 돌이켜 보며 반성하고 성장합니다. 반성은 나와 타인을 더 잘 이해할 수 있는 계기가 되고, 같은 실수를 피할 수 있는 지혜와 깨달음도 주지요. 하지만 너무 오래 하나의 생각에 머물러 있다면 더 이상 반성이 아닌 '반추'를 하고 있는 것이니 주의해야 합니다.

반추란 소가 여물을 소화하기 위해 되새김질을 반복하듯 '하나의 사건만 되풀이해서 생각하는 것'을 뜻합니다. 반추가 습관이 되면 과거의 부정적인 사건과 감정에 얽매여 쉽게 우울해집니다. 또한 미래에 대한 불안감도 커져서 현재 나의 일상에 온전히 집중할 수가 없게 돼요. 과거나 미래가 아닌 현재를 행복하게 살아가야 할 우리를 위해, 지금부터 과다한 생각으로부터 벗어나는 방법을 소개해드리겠습니다.

나를 아프게 하는 '무엇'을 찾자

"제발 생각을 멈추고 싶어요"라고 답답함을 호소하면서도 지속적인 반추에 빠져 있는 사람들을 주변에서 자주 볼 수 있습니다. 왜 우리는 되돌릴 수 없는 과거를 자꾸만 곱씹게 되는 걸까요? 반추가 주는 심리적인 위안이 있기 때문입니다. 과거 연인과의 이별처럼 돌이킬 수 없는 지난날의 후회스러운 일은 우리에게 큰 무력감을 남기는데요. 반추하는 동안에는 내가 그 사건의 통제권을 쥐고 문제 해결을 위해 애쓰고 있다는 생동감을 느끼게 되어 잠시나마 마음이 편안해지는 것입니다.

또한 반추는 불확실한 상황 속에서 잠깐 동안 버팀목이 되어 주기도 합니다. 사람들은 정답이 없는 불확실함과 모호함을 잘 견디지 못합니다. 그래서 갑작스러운 사고가 생기면 '도대체 나에게 왜 이런 일이 일어난 거지?' 하며 원인을 찾는 데 집중합니다. 이때 사람들은 과거를 곱씹는 행동을 통해 문제의 확실한 답을 찾을 수 있을 것이라는 생각에 빠지게 됩니다. 과거를 파헤치다 보면 지금 이 상황이 발생하게 된 근본적인 이유를 찾을 수 있고, 그 이유만 알면 문제를 바로 해결할 수 있으리라 생각하는 것이지요. 그래서 답이 나오지 않는 문제를 붙들고 정답을 찾을 때까지 상황을 분석하려 합니다.

반추의 대상이 꼭 나의 과거에만 한정되는 것도 아닙니다. 반추하는 사람은 때로 자신이 아닌 타인에 대한 생각에 빠져 있기도 합니다. 특히 나를 힘들게 했던 친구, 가족, 동료들의 행동과 말을 떠올리며 그들에 대한 비난을 반복합니다. 이런 행위는 내가 그들보다 더 성숙하고, 나은 사람이라는 우월감을 느끼게 하기 때문입니다.

지금 몸담은 현실에 해결하기 어렵거나 피하고 싶은 문제가 있어 과거의 문제로 도망가는 경우도 있습니다. 여기에는 당장해야 할 것을 미루고, 회피하고 싶은 마음이 숨어 있습니다. 잠깐 과거의 생각에 머무르며, 현실의 고통을 외면하고자 하는 것이지요.

이처럼 반추를 멈추기 위해서는 가장 먼저 내가 '무엇'을 얻기 위해 생각에 집착하고 있었는지부터 알아야 합니다. 반추하는 습관을 통해 당신은 무엇을 채우고 있었나요? 질문에 답하며 당신의 마음을 들여다보길 바랍니다.

목적 없이 생각하지 마라

시간을 내어 생각을 정리하고 성찰하는 것은 내 삶을 주체적으로 이끌어가는 데 큰 도움이 됩니다. 이때 주의해야 할 것은 생각 정리를 하다가 그 생각에 오히려 압도되지 말아야 한다는 것입니다. 생각이 꼬리에 꼬리를 물어 걱정으로 번진다면, 생각이 나를 압도하고 있다는 증거입니다. 그러니 생각 정리를 할 때는 내 의식의 흐름을 잘 경계해야 합니다. 혼자 생각을 하다가 갑자기 우울해지거나, 생각하느라 잠을 이루지 못하거나, 친구들을 만날 때마다 같은 주제를 계속 얘기하고 있다면 혹시 내가 반추에 빠져 있는 게 아닌지 의심해보아야 하는 것이지요.

반추가 아닌 건강한 '성찰'을 하기 위해서는 '나에게 도움이 되는 생각'과 '나를 더 힘들게 하는 생각'을 민감하게 구분하는 지혜가 필요합니다. 건강한 성찰은 사건이 발생한 직후에 당장 '내가 할 수 있는 일'에 집중하는 것입니다. 문제의 대책을 찾고, 내 감정을 정리하기 위한 고민을 시작하는 것이지요. 즉 생각에 분명한 목적과 의도가 있습니다. 반면, 해로운 반추는 이미 한참 전에 종료된 일에 대해서 하는 습관적이고 반사적인 생각입니다. 나로서는 더 이상 해결할 수 없는 문제나 상황을 붙잡으면서요. 그래서 해로운 반추는 '만약에'라는 가정의 질문을 스스로에게 많이 하게 된다는 특징이 있습니다.

생각을 마쳤을 때 느끼는 감정으로도 성찰과 반추를 구분

너를 미워할 시간에 나를 사랑하기로 했다

할 수 있습니다. '지금부터 딱 5분만 생각하자' 하고 알람 설정을 한 후, 알람이 울리면 생각을 멈춰 보세요. 건강한 성찰을 마치면 안도감이 느껴지지만, 반추를 했다면 무력감이나 불안, 긴장감이 더 커집니다. 생각이 끝났을 때, 생각하기 전보다 문제나 감정을 더 잘 이해하게 되었는지 스스로에게 물어보세요. 만약 확신이 들지 않는다면 내가 반추하고 있었다는 뜻입니다. 이렇게 반추의 순간을 구분하는 방법을 익히면, 무심코 반추에 빠져들다가도 '내가 지금 의미없는 생각을 하고 있구나' 하며 꼬리에 꼬리를 무는 생각을 의식적으로 멈출 수 있을 것입니다.

과거가 아닌 현재를 걸어라

반추를 시작할 때 우리는 스스로에게 '왜?'라는 질문을 많이 던집니다. '왜 그렇게 했었지?', '그 사람은 나에게 왜 그런 걸까?'처럼요. 이 물음에 쉽게 답을 찾지 못할수록 갑갑한 마음이 커져 원인 분석에 강하게 집착하게 되고, 그 결과 우리는 과거에 갇혀 있게 됩니다.

이때는 '내가 이 경험을 다시 한다면, 무엇을 다르게 할 수 있을까?', '같은 경험을 반복하지 않기 위해 지금 나는 무엇을 해야 할까?'처럼 원인이 아닌 해결책을 찾는 질문을 해야 합니다. 이 질문을 통해 과거에 머물던 나의 주의를 현재로 돌릴 수 있습니다. 또한, 내가 지금 원하는 것이 무엇인지를 명확히 아는 것만으로도 과거에 묶이는 악순환을 끊을 수 있습니다. 지금 내 삶에서 가장 중요한 가치를 떠올려보고, 무엇을 할 때 즐거운지, 꼭 이루고 싶은 것은 무엇인지를 구체적으로 생각해보세요.

평상시에 이런 고민을 해본 적이 없어 어렵고 막막하게 느껴진다면, 나만의 '버킷리스트'를 작성하는 것이 도움이 됩니다. 죽기 전에 꼭 해보고 싶은 활동들의 목록을 적다 보면, 내가 삶에서 중요하게 생각하는 것이 무엇인지 깨닫게 됩니다. 이를 통해 삶에 목적이 생기고, 과거에 쏠려 있던 내 관심을 자연스레 현재와 미래로 돌릴 수 있습니다.

생각의 소용돌이에 휩쓸리는 자신을 발견했을 때의 대처도 중요합니다. 내가 혼자 생각에 빠지기 쉬운 상황을 평소에 미리 정리해 두고, 이런 상황이 찾아왔을 때 다른 행동을 해보는 것입니다.

이별 후 상실감이 큰 사람들은 혼자 있을 때 연인의 심리에 대한 영상과 글을 찾아보거나, 슬픈 이별 노래를 듣거나, 애인과 자주 갔던 장소를 방문하며 지난 연애에 대한 생각을 스스로 더욱 부추기곤 하는데요. 이럴 때는 오히려 재미있는 영상을 보거나 신나는 음악을 듣고, 새로운 장소를 찾아가 주의를 분산시켜야 합니다. 또 가만히 있기보다는 요리나 청소, 산책 등 몸을 움직일 수 있는 생산적인 일을 의도적으로 찾아서 해야 반추에

너를 미워할 시간에 나를 사랑하기로 했다

서 쉽게 벗어날 수 있습니다. 물론 사람을 만나는 것도 도움이 되고요. 지인들과 직접 만나지 않고 전화나 문자로 대화를 하는 것도 좋습니다. 타인과 연결되었다는 느낌을 받으면 홀로 생각의 늪에 빠지지 않을 수 있어요.

"나도 모르게 과거를 곱씹고 있어요." 이런 고민에 빠진 사람들은 자신의 의지로 반추가 시작되는 것이 아니라고 이야기합니다. 그들의 말처럼 머릿속 생각 스위치는 나도 모르는 사이에 자동으로 켜집니다. 하지만 생각 스위치가 켜지는 것을 통제하기는 어렵더라도, 생각 스위치를 끄는 것은 앞서 설명한 방법들을 활용해 자신의 의지로 할 수 있다는 사실을 기억하길 바랍니다.

생각의 횟수나 길이를 줄이는 작은 시도들에 익숙해지면, 내 생각의 관찰자가 되어 나를 힘들게 하는 부정적인 감정에 맞설 힘도 생깁니다. 이 지독한 생각의 고리를 과감하게 끊어 본 경험을 한 사람들만이 자신의 생각을 통제하고, 자신을 더 깊이 이해할 수 있게 되겠지요. 결국 내 머릿속의 생각 스위치도 유연하게 켜고 끌 수 있게 되고요.

나의 경쟁자는
오로지 나뿐이다

'다들 저렇게 행복한데 왜 나는…?'

우리는 왜 나와 타인을 자꾸만 비교하게 될까요? 사회비교 이론을 처음 제시한 심리학자 레온 페스팅거Leon Festinger는 사람들이 '자신의 가치를 평가하고 점수 매기기 위해' 타인과의 비교를 행하게 된다고 말했습니다.

우리는 일상에서 두 가지 유형의 비교를 즐겨 합니다. '상향 비교'와 '하향 비교'입니다. '진현이는 형하고 정말 우애가 좋아. 우리 형제처럼 자주 다투지 않지'라는 말에는 나보다 형제 관계가 좋다고 생각되는 친구와의 비교가 담겨 있습니다. 이를 '상향 비교'라고 일컫습니다. 나보다 잘하는 사람과의 비교는 내가 무엇을 원하는지 확인하는 수단이 되기도 하고, 비교를 통해 새로운 목표를 세워 동기부여를 받을 수도 있습니다. 하지만 현재 자신의 상황을 '실패했다' 또는 '불행하다'라고 평가하게 할 위험도 있지요.

반면에 나보다 상황이 좋지 않은 사람들을 보며 안도하는 '하향 비교'도 있습니다. '우리가 지수네 커플보다는 덜 싸우는 것 같아. 걔네는 진짜 앙숙 같다니까'처럼요. 하향 비교는 현재 나에게 주어진 것에 만족감과 감사함을 느끼게 하는 효과가 있습니다. 하지만 지금 상황에 안주하게 만들어 변화의 동기를 잃게도 하지요.

당신은 일상에서 어떤 비교에 더 익숙한가요? 나와 다른 사람을 비교하는 것은 매우 자연스러운 일이지만, 지나친 비교는 결국 정서적 친밀감을 해치고, 관계 만족도를 떨어뜨리는 만큼 주의가 필요합니다.

내가 보는 것이 전부는 아니다

얼마 전 호텔 식사권을 선물 받아 엄마를 모시고 호텔 레스토랑에 다녀왔는데요. 옆 테이블의 커플이 저의 시선을 사로잡았습니다. 그 커플은 음식이 나오고 나서도 15분이 넘도록 자리를 서로 바꾸고, 포즈를 달리하며 사진을 찍느라 분주했습니다. 남자가 조금 지친 듯 "이제 밥 좀 먹자. 사진 찍으러 여기 오자고 한 거야?"라고 묻자, 여자는 "남들은 기념일마다 호텔에서 밥 먹는데 우리는 언제 또 올지 모르잖아! 오늘 사진이라도 많이 남겨서 프로필 사진 바꿀 거야"라고 답하며 아랑곳하지 않고 셀카로 자신의 모습을 담기 바쁘더군요. 여자는 "이 사진 어때?"라며 잘 나온 사진을 고르느라 식사 내내 핸드폰을 손에 놓지 못했고, 남자는 말없이 식사만 할 뿐이었습니다.

이 커플을 곁에서 잠시나마 지켜본 저는 이들이 전혀 행복해 보이지 않았습니다. 하지만 SNS에 그녀가 정성껏 올린 행복한 사진 한 장을 보고 누군가는 부러움을 느끼고, '좋아요'를 누르며 대리 만족했을 것입니다. 사진을 찍느라 식사를 즐기지 못했고, 불편함을 느낀 남자친구와 대화도 없이 밥을 먹었다는 기록은 생략되었으니까요.

이처럼 우리는 소셜미디어에 일상의 모든 면을 공개하지 않습니다. 누군가가 행복해 보이고, 화려해 보인다고 해서 그것이 전부는 아닌 것이지요. 남 부러울 것 없이 행복해 보이던 TV 속 잉꼬 스타 부부가 파경을 맞았다는 소식에 대중들이 당황하는 것도 실제 그들이 어떤 일을 겪고 있는지 우리는 알 수 없다는 사실을 간과하기 때문이고요.

미국의 설교자 스티븐 퍼틱Steven Furtick은 "나의 비하인드 씬을 타인의 하이라이트 씬과 비교하지 마라"라고 말합니다. 사람은 안타깝게도 '나의 최악의 순간'과 내 눈에 보이는 '타인의 최고의 순간'을 두고 저울질하는 불공평한 비교에 익숙합니다. 크리스마스에 친구들과 즐겁게 시간을 보내고 있는 사람은 SNS를 굳이 하지 않겠지만, 혼자 집에 있을 때는 SNS 피드 속 크리스마스를 즐기는 이들을 보며 자신의 처지를 더 비관하게 되는 것처럼요.

이처럼 우리의 비교는 실제로 그 대상이 잘못 지정되어 있을 때가 많습니다. 평소 내가 SNS에 휩쓸려 상대적 박탈감을 많이 느낀다면 SNS 사용을 제한하거나, 기분이 좋지 않을 때는 SNS 사용을 피하는 것이 필요한 이유입니다.

나를 자극하는 감정을 수용하라

유라 씨는 자신과 배우자의 상반된 가정 분위기를 자꾸만 비교하게 된다고 했습니다. 친정은 가족이 모두 독립적으로 지내 평소 연락도 잘 하지 않고, 함께 만나도 각자 방에서 시간을 보내는 것이 익숙한데, 시집은 가족끼리 매우 끈끈해 자주 만나고, 연락하며 늘 대화가 끊이질 않고 화기애애하다고요.

결혼하고 얼마 지나지 않았을 때, 유라 씨는 처음 겪어 보는 시집의 문화가 스스로 이상적으로 여겼던 가족의 모습과 같아 반갑고, 좋았다고 했습니다. 그런데 점점 시집 식구들과의 관계가 부담스럽게 느껴지고, 시집 식구들의 질문에 자신도 모르게 퉁명스럽게 반응하게 되어 당황스럽다고 털어놓았습니다. 저와의 대화를 나누고 나서 유라 씨는, 자신이 시집 식구들을 만날 때마다 '왜 우리 집은 이렇게 지내지 못했을까?', '내가 안 좋은 환경에서 자란 것일까?'라는 생각에 많이 위축되고, 침울함을 느끼고 있었다는 사실을 깨달았다고 합니다.

비교로부터 자유로워지기 위해서는 내가 '나의 관계'와 '타인의 관계'를 비교하고 있다는 사실을 인식하는 것도 중요하지만, 그 생각에 담긴 감정까지 명확하게 알아차릴 수 있어야 진짜 문제를 해결할 수 있습니다. 해외여행을 즐기는 친구 가족의 영상을 보고 현재 나의 처지와 비교하며 화가 날 수도 있고, 패배감이 들 수도 있고, 슬픔이나 좌절감을 느낄 수도 있는 것처럼 우리가 다른 사람과 비교를 통해 느낄 수 있는 감정은 매우 다양하고 복잡합니다. 그 감정을 인식할 수 있어야, 적절한 방법으로 감정의 문제를 해결할 수도 있습니다.

타인과 나를 비교할 때 느낀 감정을 추적하고 그 감정의 정체를 알았다면, 그다음에는 내 감정을 인정해야 합니다. 내가 느낀 부정적인 감정의 정체를 외면하지 않고 인정하면 내가 무엇에 가장 민감하게 반응하는지, 내 기분에 가장 큰 영향을 미치는 것이 무엇인지 확인할 수 있습니다. 이렇게 내가 민감한 부분을 알아차리면 그 민감한 부분을 스스로 관리할 수 있게 되고, 따라서 부정적인 행동의 발현도 막을 수 있게 됩니다.

지인들의 SNS를 둘러볼 때 가장 민감해진다면 SNS를 잠시

너를 미워할 시간에 나를 사랑하기로 했다

차단하여 내 감정을 관리할 수 있고, 만날 때마다 애인이나 가족 자랑을 늘어놓는 친구와의 대화에 민감하다면 그 친구와의 만남을 최소화하면 됩니다. 불편한 상황에 자신을 노출시키는 것을 스스로 제한함으로써 불필요하게 타인과 비교하는 행동을 멈출 수 있게 되는 것입니다.

내가 갖고 있는 것에 감사하라

'전 애인이라면 이렇게 하지 않았을 텐데.' 새로운 연인 관계를 시작할 때 이전의 연애 상대와 비교하는 사람들이 많습니다. 이렇게 과거의 애인과 현재의 애인을 끊임없이 견주며 아쉬워하다 보면 정작 지금 내 앞의 상대에게 집중하지 못하게 됩니다. 최악의 상황은 상대에게 전 애인을 직접 언급해 상처를 주고 관계를 위태롭게 만드는 것이고요.

이런 무의미한 비교를 멈추기 위해서는, 사람이 모두 다르듯 내가 새롭게 시작하고 만들어 가는 관계도 다를 수밖에 없다는 사실을 인정해야 합니다. 또한 의도적으로 상대의 장점을 찾기 위해 노력해야 합니다. 인간은 망각의 동물이라 과거의 연인에게 느꼈던 아쉬웠던 점이나 그와 헤어진 이유는 쉽게 잊고, 지금 이 사람에게서는 아쉬운 점만 찾는 실수를 많이 하지요. 내가 장점을 찾아야 할 대상은 과거의 상대가 아니라 지금 내 곁에 있는 사람입니다. 새로운 관계에서 감사한 점을 의도적으로 찾아보세요. 주말마다 함께 시간을 보낼 수 있거나, 매일 나의 안부를 챙겨주거나, 내 이야기를 잘 들어주는 것처럼요.

그래도 비교의 유혹이 스멀스멀 올라온다면, 비교의 대상을 타인에서 나로 바꿔 보길 바랍니다. 현재의 나는 과거에 비해 사람을 사랑하고 관계를 유지하는 일에 얼마나 성숙해졌고, 또 성장했는지 생각해보세요. 같은 이별의 실수를 반복하지 않기 위해 무엇을 더 잘하고 있는지, 놓치고 있는 것은 없는지도 고민해보면 좋겠지요.

나에게 여전히 서투르고 부족한 면이 있다면 나만의 목표를 만들어 보는 것도 좋습니다. '감정 표현 더 적극적으로 하기', '상대의 입장에서 먼저 생각하기'처럼요. 이런 목표를 달성함으로써 나 자신의 안정감이 높아지면, 더 이상 나와 다른 사람을 비교하는 일에 불필요한 에너지를 낭비하지 않을 수 있습니다.

사람은
이별을 통해 자란다

이별 후유증으로 괴로워하는 친구가 곁에 있다면 우리는 "곧 괜찮아질 거야"라며 따스한 위로를 전하겠지요. 하지만 정작 내가 실연을 겪을 때는 나의 실수만 곱씹으며 스스로를 비난하고, 자책하느라 자신을 돌보지 못하는 실수를 합니다. '나는 앞으로 누구도 사랑할 수 없을 거야!' '누가 나 같은 사람을 사랑하겠어?' '난 사랑할 자격도 없어!' 끝도 없는 자책은 나를 더 거센 감정의 소용돌이 속에 빠지게 하지요. 타인에게는 너그럽지만 스스로에게는 자비를 베풀지 않는 것입니다.

심리학자 크리스틴 네프Kristin Neff는 내 삶이 어려울 때일수록 친한 친구를 대하듯 나에게도 친절해야 한다고 조언합니다.

내가 나의 가장 친한 친구가 되어서 '자기 연민self-compassion'을 실현하라는 것입니다. 자기 연민은 힘든 상황을 마주할 때 나에 대해 '좋다' 또는 '나쁘다'라는 가치 판단을 함부로 하지 않으며 있는 그대로의 나 자신을 돌보려는 의지를 뜻합니다. 크리스틴 네프는 20년간의 연구를 통해 자신에게 친절한 사람은 실수에서도 배움을 얻고, 고통을 더 잘 견뎌내며, 상처를 보다 긍정적인 방향으로 회복할 수 있음을 발견했습니다.

우리가 이별의 상황을 극복하는 과정도 자기 연민으로부터 시작된다면 어떨까요? 크리스틴 네프가 제안한 자기 연민의 핵심 단계들을 기반으로 이별의 상황에서 자신을 돌보며 상처를 극복하는 방법을 알려 드리겠습니다.

홀로 남은 나를 아껴주자

민정 씨는 마지막 연애 후 쉽사리 다른 사람을 만나지 못하고 있습니다. 만남을 주저하는 이유를 묻자, 그녀는 지난 연애로 자신에게 문제가 있다는 것을 알았고, 같은 이유로 또다시 상처받을까 봐 두려워서 연애를 시작하기 어렵다는 속마음을 털어놓았어요. 이별을 당한 많은 사람들도 민정 씨와 비슷한 경험을 합니다. 이별의 원인을 자신에게서 찾으며, 내가 인식하지 못한 나의 부족함에 대해 오랫동안 고민하는 것이지요.

스탠퍼드대학교 심리학 박사 로렌 하우Lauren C. Howe와 그녀의 지도교수 캐롤 드웩Carol Dweck은 무엇이 이별이 남긴 상처로부터의 회복을 힘들게 하는지 연구했습니다. 연구 결과, 이별을 자신의 탓으로 여기며 스스로를 의심하는 사람일수록 상처 회복이 더디고, 이들은 미래의 관계에서도 폐쇄적이고 방어적인 태도를 취하게 된다는 사실이 밝혀졌습니다. 결국 '내가 나를 어떻게 보는지'가 이별의 상처를 회복하는 중요한 열쇠인 것이지요.

자기 비난은 이별의 상처를 더 깊게 만듭니다. 물론 앞으로 같은 실수를 반복하지 않기 위해 나의 실수를 살피고, 점검하는 것은 중요합니다. 하지만 가혹하게 나를 비판하지 않아도 우리는 '자기 연민'을 통해 관계가 끝났음을 인정하고, 치유의 시간을 가질 수 있습니다.

이별의 상처로 아프다면, 홀로 남은 나를 더 소중하게 대해주어야 합니다. 나에게 친절하게 말하고 행동하면서요. 친구가 실수했을 때 우리가 비난보다 응원을 건네는 건, 비록 그가 지금은 완벽하지 않더라도 앞으로 더 나아질 수 있다는 믿음이 있기 때문이잖아요. 그 믿음을 나에게도 보여주어야 합니다. 아직 관계에 서투른 나를 인정하고, 온유한 자세로 자신을 지지하면서 말입니다.

만약 관계에서의 불편한 상황을 바로바로 해결하지 않고 회피하다가 그로 인해 오해가 생겨 이별하게 되었다면, '나는 내가 생각해도 정말 답이 없다'라고 모진 말을 하기보다는 '갈등 상황에 어떻게 다르게 대처할 수 있을까?'라고 스스로에게 물으며 나의 성장을 도모하는 방법을 찾는 일로 에너지를 전환하는 게 좋습니다. 헤어질 수밖에 없었던 상황을 지나치게 개인의 문제로 치부하는 습관을 경계해야 해요.

그런데 이 과정에서 한 가지 주의해야 할 점이 있습니다. 나의 편이 되어 주기 위해 상대를 적으로 만들어서는 안 된다는 겁니다. '피해자 코스프레'를 즐겨하는 사람들처럼 말입니다. 이별을 모두 상대의 탓으로 돌리며 자신은 억울하다고 호소하는 이들을 우리는 종종 봅니다. 이렇게 피해의식에 빠지면 나의 실수나 잘못을 인정하는 대신에 내 행동에 대한 변명만 늘어놓게 됩니다. 하지만 자기 연민은 결코 자신에 대한 동정을 유발하거나, 자신의 행동을 합리화하는 여정이 아닙니다. 내 탓도, 남 탓도 하지 않으며 있는 그대로의 나를 인정하는 것이 자기 연민의 본질입니다.

인간의 보편성을 기억하라

저에게도 짧은 연애 후 겪은 긴 상실감으로 괴로웠던 시간이 있었습니다. 예상보다 큰 이별 후유증을 겪었던 그 당시의 저는 '왜 나만 이별이 이토록 힘들지?'라는 생각에 억울함마저 느꼈었지요. 나 빼고 다들 사랑도 쉽고, 이별의 과정 또한 순탄

해 보였으니까요. '나에게 문제가 있는 것인가?'라는 결론에 이르게 되니, 저는 스스로를 고립시키며 사람 만나는 것을 피하게 되었습니다. 아무리 가까운 지인일지라도 나의 마음을 이해해줄 수 없고, 나를 유별나게 볼 것 같아서 두려웠지요.

그렇게 혼자 끙끙 앓던 어느 날, 우연히 들른 온라인 커뮤니티에서 저와 같은 고민으로 괴로워하고 있는 이들을 많이 만날 수 있었습니다. 게시된 글에 담긴 저마다의 사연은 다르지만, 이별이 주는 상실감뿐만 아니라 그 굴레를 쉽게 벗어나지 못해 생긴 조급함까지, 저와 비슷한 감정이 담겨 있었지요. 저는 사연들을 읽으며 '나만 힘든 게 아니구나. 다들 나처럼 힘들구나'라는 진실을 깨닫고, 그제서야 제 자신을 조금 더 인내해주게 되었습니다. 하루 빨리 이 감정에서 벗어나야 한다고 스스로를 재촉하지 않게 되었고, 이 상황을 만든 나 자신을 탓하기보다는 용서하기 위해 노력했습니다.

저는 상실로 괴로워하는 사람들에게, 내가 겪은 고통을 누구나 겪는 '보편적인 고통'으로 인식하라고 조언합니다. 이별의 과정도 마찬가지입니다. 애정의 대상을 잃게 되면 모든 인간은 상실감으로 다양한 감정과 행동의 변화를 겪습니다. 사랑하는 사람과의 이별은 누구에게나 힘들고 어려운 것이니까요. 이별을 극복하는 여정의 시작을 더 이상 '왜 나만?'이라는 질문으로 시작하지 말고, '다들 나처럼'이라는 말로 시작해보세요. 수많은 사람들과 마찬가지로 나 역시 불완전한 모습의 인간임을 인정하는 것만으로도, 우리는 타인과의 연결을 통해 이별을 성장의 여정으로 받아들일 용기를 낼 수 있습니다.

내 감정에게 이름을 붙여 주어라

이별한 직후에는 아무렇지 않아 보이다가, 이별한 지 꽤 시간이 지난 후에야 비로소 상실감에 괴로워하는 사람더러 '이별 후폭풍'을 겪는다고 하지요. 이들이 뒤늦게서야 괴로움을 느끼게 되는 건, 이별이라는 결말을 받아들이기가 너무 어려웠던 탓에 이별 직후에는 자신의 감정을 꾹꾹 억누르는 데 급급하다가, 시간이 지나고 나서야 한계에 다다른 감정이 폭발했기 때문입니다.

이별 후 많은 사람들이 혼자만의 시간 보내기를 두려워하는 이유도 마찬가지입니다. 나홀로 있다 보면 지난 관계에 대한 그리움, 후회, 아쉬움, 허전함 등 여러 감정들이 쏟아져 어떻게 대처해야 할지 막막해지고, 그래서 우선 피하고 싶어지는 것이지요. 주변 사람들의 "괜찮아?"라는 걱정에도 별일 아닌 듯 "괜찮지"라고 말하며 자신의 감정을 숨기다 보니 마음의 상태를 오롯이 느끼고 알아차릴 기회를 놓칩니다.

하지만 나를 불편하게 하는 감정일수록 그 즉시 알아차려야 감정으로부터 더 빠르게 해방될 수 있습니다. 현재 내 감정을 있는 그대로 수용하는 것이 자기 연민의 또 다른 실천입니다. 이별 후에 내가 겪는 마음이 후회인지, 부끄러움인지, 아쉬움인지, 홀가분한 마음인지, 내 감정에 이름을 붙여 보세요. 모호한 감정을 확실하게 정의하면, 오히려 감정을 처리하기가 쉬워집니다.

그리고 감정을 밖으로 꺼내는 것도 도움이 됩니다. 가까운 사람들에게 "나 괜찮아"라는 말보다는 "나 많이 후회하고 있어"라고 이야기하는 것도 도움이 됩니다. 또는 내 감정들을 느끼는 대로 낙서하듯 적어 보아도 좋습니다. 적는 게 어색하다면 혼잣말로 감정을 내뱉어 보는 것도 도움이 됩니다. 감정의 이름 찾기에는 정확한 답이 존재하지 않습니다. 내가 느끼는 대로, 단, 분명하게 정리하는 것이 핵심인 것이지요.

그런 노력에도 불구하고 내 감정이 여전히 흐릿해 정의 내리기가 어렵다면, SNS상의 이모티콘을 통해 내 마음 상태를 골라 보세요. 더 쉽고, 직관적으로 알 수 있을 겁니다. 이렇게 내가 느끼는 감정의 상태에 이름을 붙이면 감정이 보다 명확해지고, 이것이 어두컴컴한 감정의 동굴로부터 벗어나는 중요한 한 걸음이 되어 줄 겁니다.

끝이 보인다면
지금 최선을 다하라

여러분은 언제 어른이 되었다고 느끼나요? 저는 부고 연락을 자주 접하거나 조문을 가는 길이 익숙해질 때 어른이 되었다는 것을 느낍니다. 20대에 처음으로 선배 아버지의 빈소를 찾았을 때 선배에게 무슨 말을 해줘야 할지, 어떤 표정을 지어야 할지, 어떻게 고인께 예를 다해야 할지 몰라 잔뜩 긴장했었던 기억이 있습니다. 나이가 들며 죽음을 더 자주 접하게 되어 이제 긴장감은 조금 누그러들었지만, 그렇다고 내가 겪어야 할 죽음에 결코 익숙해지는 것은 아니었습니다.

최근 할머니와 부모님을 자주 병원에 모시고 다니며 헤어짐이 멀지 않았다는 것을 깨달았습니다. 죽음도 삶의 일부라지만,

내 삶에서 가장 소중한 이들이 영영 사라진다고 생각하면 눈물부터 납니다. 100세가 넘는 할머니는 '내가 죽거든 고향 선산에 묻어 달라'는 말씀을 자주 하셨습니다. 그때마다 저는 할머니께 왜 벌써부터 사서 걱정을 하느냐고 짜증을 냈지요. 할머니 말을 무시해서가 아니라 사랑하는 할머니가 내 곁을 떠나는 상상만으로도 괴로워 피하고 싶었기 때문이었습니다. 그래서 우리는 죽음에 대해 이야기하는 것을 꺼립니다. 누구도 죽음을 피해 갈수 없다는 것을 알면서도요.

슬프지만 죽음을 피할 수 있는 사람은 없기 때문에, 우리는 죽음에 미리 대비해야 합니다. 지금부터 사랑하는 사람의 죽음과 그 슬픔을 어떻게 다루어야 하는지에 관해 이야기해보겠습니다.

슬픔의 단계를 이해하라

소중한 사람을 잃은 슬픔에 어떻게 대처해야 할지 몰라 많은 이들이 막막해합니다. 괜찮다고 생각했는데 뒤늦게 슬픔이 밀려와 당황스러워하는 사람도 있고, 너무 큰 상실감에 압도당해 공허함과 허무함을 호소하는 사람도 있습니다. 울음으로 슬픔을 표출하기도 하지만, 눈물에만 슬픔의 무게가 담기는 것은 아닙니다. 수면이나 식사가 불안정해지고, 자신의 정체성이나 목표가 흔들려 고립을 자처하는 행동 또한 슬픔의 또 다른 모습입니다.

이처럼 슬픔은 사람마다 다양한 감정과 행동으로 드러나기 때문에, 애도 과정을 잘 겪어 낼 수 있는 모범 답안은 존재하지 않습니다. 내가 느끼는 감정을 온전히 인정하고 경험하며 나에게 맞는 방식으로 슬픔을 표현하는 것이야말로 현명한 애도의 방법이지요. 이때 나뿐만 아니라 주변 사람의 슬픔도 함께 나누기 위해서는 사람들이 흔히 겪는 슬픔의 단계를 알아 두는 것도 도움이 됩니다.

정신과 의사 엘리자베스 퀴블러로스Elisabeth Kübler-Ross는 그의 저서《죽음과 죽어가는 것On Death and Dying》에서 죽음의 5단계를 소개했습니다. 사람들은 '부정, 분노, 협상, 우울, 수용'의 5단계를 거쳐 자신 또는 가족의 죽음을 인정하며 애도한다는 개념입니다.

말기 암 진단을 받은 환자가 자신의 죽음을 인지하는 과정을 죽음의 5단계에 따라 이해해봅시다. 처음 시한부 선고를 받고 환자는 '검사가 잘못된 것일 거야! 그럴 리가 없어'라는 부정 단계에서 시작해서, '내가 뭘 잘못했다고?'라는 분노 단계로 넘어갑니다. 그 후 '어떻게든 살려만 주세요. 뭐든 다 할게요!'라며 간절하게 해결책을 찾는 협상 단계에 이르지만, 내가 어찌할 수 없는 일임을 점차 인정하며 깊은 우울 단계에 접어듭니다. 그리고 결국은 다가올 죽음을 인정하며 의미 있게 삶을 정리하려는 수용 단계를 맞지요.

물론 모든 사람이 순차적으로 이 단계를 모두 거치는 것은 아닙니다. 애도의 과정이 한 단계가 끝나야 그다음 단계로 넘어가는 선형적인 과정인 것도 아니고요. 다만 우리는 슬픔의 단계들을 이해함으로써 나와 타인이 겪을 수 있는 죽음의 슬픔을 간접적으로나마 경험해보고, 받아들일 수 있게 됩니다.

슬픔의 과정뿐만 아니라 슬픔을 통과하는 속도 역시 정해진 것은 없습니다. 너무 빨리 슬픔에서 벗어나 죄책감을 느끼거나 반대로 예상보다 오랫동안 슬픔에 빠져 있어 조급함을 느낄 필요도 없는 것이지요. 애도의 만료 기간은 정해져 있지 않으니 자신만의 속도와 방식으로 슬픔을 겪는 것이 슬픔을 극복하는 최선의 방법입니다.

따로 또 같이 현재를 살라

윤정 씨는 몇 해 전 어머니를 간호하기 위해 오래 다니던 직장을 그만두었다고 했습니다. 어머니 곁에 종일 함께 있어야 어머니 병세 악화를 막을 수 있다고 생각했고, 어머니보다 일을 우선적으로 선택하는 것이 나중에 큰 후회로 남지 않을까 걱정되었기 때문이었습니다. 하지만 그녀는 이후, 비슷한 상황에 처한 후배에게는 반대로 자신의 삶을 포기하는 선택을 하지 말라고 조언합니다. 시간이 지나고 나서, 병상의 어머니가 딸에게 바랐던 것은 그저 그녀가 당차게 일하고, 행복하게 일상을 즐기는 것이었음을 깨달았기 때문입니다.

사랑하는 사람의 죽음을 앞두고 있을 때 우리는 '그때 더 잘할 걸' 하며 지나간 과거를 잡고 자책합니다. 거기에 '나중에 후회하고 싶지 않아'라는 미래에 대한 두려움까지 더해지면 정작 현재의 내 삶을 놓치는 선택을 합니다. 학업, 일, 연애, 취미 등을 미루면서 말입니다. 하지만 사랑하는 사람이 떠나기 전에 함께하는 시간을 더 의미 있게 보내기 위해서는 두 사람 모두 함께 현재를 살아야 합니다.

함께 현재에 머무는 것이 모든 순간을 같이 보내야 함을 뜻하지는 않습니다. 주어진 여건에서 따로 또 같이 함께하는 최선을 찾으면 됩니다. 예를 들어 아픈 가족을 요양시설에 보냈다는 죄책감에 떨어져 있으면서도 괴롭고, 우울한 시간을 보내기보다는 시간이 날 때 가족을 찾아가서 나의 좋은 소식을 들려 줄 수 있도록 내 삶에 집중하는 게 좋습니다. 내가 얼마나 열심히 지내고 있는지, 무엇을 새로 시작했고, 사람들에게 얼마나 인정받고 있는지 알려준다면 가족도 그 자신이 여전히 내 삶의 일부로 존재한다는 감각을 느껴 기쁠 것입니다. 이야기를 듣는 것만으로도 안심과 위로가 되겠지요.

소중한 사람이 내 곁을 떠나도 나의 삶은 계속되어야 합니다. 그때 어떻게 내 삶을 최선을 다해 이끌 수 있을지 생각해보세요. 사랑하는 사람은 내가 어떻게 살아가기를 바랄지, 주변 사람들에게 어떤 역할을 해주기를 기대할지, 사랑하는 이가 내게 준 교훈은 무엇인지, 받은 사랑을 어떻게 간직할지에 대해서요. 이는 죽음 앞에 느껴지는 무력감으로부터 나를 구해줄 질문들입니다. 질문의 답을 정리하다 보면 현재의 내 삶에 집중할 수 있게 될 것입니다.

더 일찍 시작되는 슬픔도 있다

대부분의 사람들은 사랑하는 이의 죽음을 맞이한 이후부터 슬픔과 애도가 시작된다고 생각합니다. 그런데 슬픔이 항상 상실에 대한 직접적인 결과인 것은 아닙니다. 슬픔은 상실을 예상한 순간부터 시작됩니다. 가족이 시한부 선고를 받게 되면 그 순간부터 고통스러운 슬픔과 상실감을 겪게 되는 것처럼요.

이를 '예견된 슬픔anticipatory grief'이라고 합니다. 정신과 의사 에리히 린드만Erich Lindemann이 제안한 개념으로 가까운 미래에 다가올 죽음이나 상실에 대해 알았을 때 자연스럽게 겪을 수 있는 슬픔을 의미하지요. 예견된 슬픔을 겪으며 우리는 죽음의 의미를 정리하고, 애정의 대상이 사라진 일상을 그려 보고, 어떻게 마지막 순간을 잘 보낼 수 있을지 생각할 수 있습니다. 하지만 장기간 간병처럼 예견된 애도의 기간이 오래 지속되거나 강렬한 감정의 변화를 겪으면 자칫 해로운 방식으로 이 과정을 겪게 됩니다. 소중한 사람을 잃고 싶지 않은 마음이 강한 집착이 되어 불안감에 압도당하게 되는 것이지요.

우리가 타인의 죽음을 맞이할 준비가 되어 있는지, 그렇지 않은지와 상관없이 결국 이별의 순간은 다가옵니다. 사랑하는 사람의 죽음을 미리 슬퍼하는 것이 그를 포기하는 일과 같다고 생각하지 마세요. 우리는 찾아올 이별을 앞두고 내가 통제 할 수 있는 것과 없는 것을 받아들임으로써 서로에게 진정으로 의미 있는 시간을 만들 수 있습니다.

예견된 죽음을 인정하고 나면, 우리는 서로의 마음을 어떻게 지지하고, 서로를 돌보고, 남은 시간 동안 더 의미 있게 함께 할 수 있을지 생각하며 주어진 시간을 잘 보낼 수 있습니다. 이때 가장 중요한 것은 의미 있는 대화를 미루지 않고 하는 것입니다. 두 사람 사이에 해결되지 않은 사건이나 감정이 있다면 솔직하게 털어놓아 후회가 남지 않도록 하세요.

또 기회가 있을 때 나의 삶에 그들의 삶이 어떤 큰 영향을 미쳤는지 알려주고, 감사함을 전하세요. 프로듀서 겸 가수 박진영 씨는 한 인터뷰에서 치매 말기 아버지와 이별을 준비하는 아들로서의 먹먹한 마음을 담담하게 전했습니다. 그는 현재 아버지가 아들조차 기억하지 못하는 최악의 상황에 처해 있지만, 치매 초기 아버지와 중요한 대화를 많이 나눈 것이 그나마 위안이 된다고 했습니다. 아버지에 대한 감사와 사랑을 후회 없이 전할 수 있었다고요.

너를 미워할 시간에 나를 사랑하기로 했다

죄책감을 현명하게
다루는 사람이 성장한다

죄책감에 짓눌려 힘들었던 경험이 있나요? 가까운 사람들에게 거짓말 또는 상처 주는 말과 행동으로 잘못을 저질렀을 때 우리는 이내 죄책감을 느낍니다. 죄책감은 우리의 마음을 무겁게 만드는 만큼 웬만하면 피하고 싶은 감정이지만, 잘 활용하면 소중한 관계를 지킬 수 있게 도와주기도 합니다. 죄책감에서 벗어나기 위해 관계의 개선 방법을 고민하게 되니까요. 하지만 어떤 죄책감은 온몸을 휘감은 채 오랫동안 나를 지배하고, 오히려 관계를 더 악화시키기도 합니다.

프린스턴대학교 마틴 데이Martin Day 연구원과 워털루대학의 심리학 부교수인 라모나 보보셀Ramona Bobocel은 실험을 통해

'죄책감을 느끼는 사람들은 자신의 실제 체중보다 스스로를 더 무겁게 평가한다'는 놀라운 사실을 밝혀냈습니다. 참가자들에게 비윤리적이고 죄책감을 불러일으키는 기억을 회상하게 했을 때, 그들이 자신의 체중이 증가했다고 느꼈다는 것입니다. 우리가 죄책감을 마음의 큰 짐으로 여긴다는 뜻이겠지요. '죄책감에 짓눌린다'라는 말이 결코 과장된 표현은 아닌 것입니다. 따라서 우리는 살면서 반드시 찾아오는 죄책감에 짓눌리지 않고, 오히려 죄책감과 잘 지내는 방법에 익숙해져야 합니다.

죄책감의 긍정적인 면에 집중하라

나의 잘못이나 실수로 친구에게 상처를 줬던 경험이 있을 것입니다. 누구나 소중한 관계를 내 손으로 망쳤다는 생각이 들면 깊은 후회와 자책을 하게 되지요. 죄책감에 지나치게 얽매이다 보면 '나는 타인에게 상처를 주는 가해자다'라며 자신을 비난하게 되고, 그 결과 많은 관계에서 자발적으로 거리를 두게 됩니다. 과거의 연인에게 상처를 줬다는 죄책감 때문에 이별 후 더 이상 연애를 하지 않는 사람들처럼 말입니다.

하지만 이미 지나간 과거의 잘못에만 갇혀 우울함과 불안함을 느끼는 것은 결코 나의 성장에 도움이 되지 않습니다. 우리는 죄책감을 적극적으로 극복해 나가야 합니다. 잘못을 저지른 나를 비난하는 데 에너지를 쏟기보다는 나의 잘못된 행동을 인정하고, 진정으로 반성해 성장의 원동력으로 전환해야 하는 것입니다. 친구에게 잘못한 것을 진심으로 사과하고, 똑같은 실수를 반복하지 않겠다고 다짐하고, 노력함으로써 우리는 죄책감에서 한발 나아가 자신을 용서할 수 있습니다.

죄책감을 현명하게 다루기 위해서는 나의 죄책감이 어디에서 왔는지 이해하는 것도 도움이 됩니다. 죄책감은 지금 내 마음속에서 중요한 가치관들이 서로 충돌하고 있다는 사실을 알려주는 마음의 신호이기 때문입니다.

일하는 부모는 자녀와 시간을 충분히 보내지 못해 늘 미안해합니다. '일'과 '사랑'이라는 가치관이 충돌해 죄책감으로 발현한 것입니다. 일과 육아를 성공적으로 병행한 부모들은, 같은 고민을 안고 있는 초보 부모들에게 조언합니다. 아이에게 미안해하기보다는 '아이와 함께하고 싶다'는 욕구에 집중하라고 말입니다. 종일 아이 곁에 있어 주지 못해 자책만 하는 대신 하루 2시간씩 온전히 아이들에게만 집중하는 시간을 마련하는 등 상황을 극복하기 위한 행동에 초점을 맞추면, 죄책감은 오히려 우리를 더 나은 삶으로 이끌어 갑니다.

죄책감에 조종당하지 마라

'길트 트립guilt trip'이라는 영어 표현이 있습니다. 상대의 죄책감을 자극해 자신이 바라는 대로 그의 행동을 교묘하게 조종하는 것을 뜻합니다. 우리는 친밀한 사람들에게 죄책감을 더 쉽게 느끼는 만큼 가까운 사이에서 죄책감이 무기가 되는 경우를 자주 봅니다. 예를 들어 야근으로 늦게 귀가한다는 남편에게 아내는 빨리 오라고 재촉하는 대신 "일이 나보다 더 중요하지. 나는 혼자 외롭게 밥 먹고 있을게"라고 말해 남편의 죄책감을 자극합니다. 이 말을 들은 남편은 미안하다고 아내를 달래며 결국 일을 대충 마무리하고 급하게 집으로 돌아가지요.

자신의 요청을 거절한 후배에게 "네가 힘들 때 항상 나는 도와줬는데…"라고 말하는 선배도 있습니다. 자신이 베푼 호의를 상기시키고, "너는 항상 내 부탁을 무시하더라"라는 말로 후배의 과거 잘못이나 실수를 언급해 그의 죄책감을 건드리고, 마음을 바꿔 먹게 하기도 합니다. 말뿐만 아니라 갑자기 울거나 통증을 호소하기, 대화를 거부하고 무뚝뚝하게 대하기 등의 태도나 행동으로도 상대의 죄책감을 유발할 수 있습니다.

앞서 말했듯 죄책감은 사람의 행동을 긍정적인 방향으로 변화시키는 동기가 되기도 합니다. 하지만 가까운 사이에서 나의 죄책감을 이용해 상대가 나를 통제하면, 오히려 수치심과 같은 불쾌한 감정을 겪게 되기도 합니다.

따라서 우리는 가까운 사이일수록 죄책감에 취약하다는 점을 악용해, 상대가 나를 압박하려 하는 것은 아닌지 분별할 줄 알아야 합니다. 관계에서 유독 죄책감을 강하게 느낄 때는 언제

이며, 그때 나와 상대에게 어떤 일이 일어나는지 관찰해보세요. 무엇보다 상대가 나에게 직접적으로 원하는 것을 요청하지 않았는데도 상대의 기분을 위해 자발적으로 행동을 바꿔야만 한다는 강한 의무감을 느끼고 있다면, 상대가 죄책감을 이용해 나를 조종하고 있는 것일 수 있습니다.

또한 내가 관계에서 제 몫을 해내지 못하고 있는 것 같다는 자책감이 든다면, 이제껏 상대를 위해 내가 기울였던 노력을 직접 적어 보세요. 글로 적어 눈으로 확인하면 과연 이 죄책감이 내가 정말 느낄 만한 것인지 객관적으로 따져볼 수 있고, 상대를 위해 내가 '할 수 있는 것'과 '할 수 없는 것'의 한계를 설정하는 데도 도움이 됩니다.

내가 상대를 위해 어디까지 할 수 있는지 정확하게 전달하는 것도 중요합니다. 예를 들어 "엄마 친구 아들은 부모한테 매일 전화한다는데, 너는 엄마가 궁금하지도 않냐?"라며 책망하는 엄마에게 의무감으로 전화를 걸지 말고, "엄마 저는 지금처럼 일주일에 2번 정도 연락드릴 수 있고, 한 달에 한 번씩은 꼭 찾아뵐게요"라고 내 상황을 정확하게 전달하는 것이지요.

내 몫의 죄책감만 챙겨라

내가 감당할 수도, 감당할 필요도 없는 타인의 영역인데도 타인의 부정적인 감정과 불행까지 모두 나의 책임으로 받아들이면 깊은 죄책감에 빠질 수밖에 없습니다. 아픈 가족을 두고 혼자만 즐거운 시간을 갖는 것이 죄스럽게 느껴져 친구들과의 약속을 피하거나, 모임에 나가더라도 온전히 즐기지 못하는 것처럼 말입니다. 친구가 취업이 되지 않아 힘들어하는데 나만 안정적인 직장 생활을 하는 것 같아 미안하기도 하고요. 심리학에서는 이를 '비합리적인 죄책감'이라고 합니다. 가족이나 애인에게 내 존재 자체가 짐이 되는 느낌을 받는 것 역시 우리가 흔히 겪는 비합리적인 죄책감의 예입니다.

비합리적인 죄책감은 다른 사람의 문제를 '내가 챙겨야 할 것'으로 여겨, 그들을 돕고자 정작 나에게 필요한 것들을 희생하게 만듭니다. 부적절한 죄책감이 지속되면 홀로 무력감에 빠지게 되고, 뒤따르는 불안과 우울로 건강마저 위협받기 때문에, 우리는 늘 지금 내가 느끼는 죄책감이 합리적인 죄책감인지 고민해보아야 합니다. 만약 합리적이지 않다면 미련 없이 떨쳐 내야 하겠지요.

비합리적인 죄책감을 떨쳐 내는 것은 내가 '통제할 수 있는 것'과 '통제할 수 없는 것'을 정확히 이해하는 일에서 시작됩니다. 주변 사람들이 겪는 병, 사고와 같은 불행뿐만 아니라 타인의 생각, 행동은 절대 내가 제어할 수 없습니다. 따라서 이것에 대해 내가 죄책감을 느낄 필요는 없습니다. 또한 불필요한 죄책감 때문에 상대의 눈치만 보며 무엇을 해줘야 할지 전전긍긍하지 말고, 차라리 '내가 무엇을 도와줄 수 있을까?'라고 직접 물어보세요. 내가 통제할 수 없는 것들은 과감히 무시하고, 상대가 원하는 것을 지원함으로써 나는 나의 행동에 대해서만 책임지면 됩니다.

그리고 나만의 시간을 갖는 일로 미안해하지 마세요. 아무리 가까운 관계라도 모든 순간 함께 머무르며 상대를 위해 살아 줄 수는 없습니다. 육아하는 부모에게도, 환자의 보호자에게도 자신을 돌보는 시간이 필요합니다. 이는 결코 이기적인 행동이 아니라, 당연히 누려야 할 권리입니다. 애인이나 부부 사이에서도 마찬가지입니다. 오히려 각자의 취미 활동과 휴식을 통해 충전한 에너지로 서로에게 더 좋은 영향을 줄 수 있습니다. 잠시 관계를 떠나 혼자만의 시간을 갖는 것은 미안해할 일이 아닙니다.

모든 관계를 유지하고 지켜야 하는 책임은 누구에게도 없습니다. 그럼에도 우리는 과도한 죄책감과 의무감에 스스로를 옭아매며 나보다 타인을 위해 애쓰고 좌절하는 삶을 반복합니다. 아버지를 간호하는 일상에 지칠 대로 지쳤지만, 죄책감 때문에 결국 학업까지 중단했다는 청년에게 건넨 법륜스님의 말을 전하고 싶습니다.

"부모를 돌보는 것이 네가 반드시 해야 하는 일은 아니야. 그저 하면 좋은 일이지."

잘 살아라
그것이 최고의 복수다

드라마 〈더 글로리〉에서 학교 폭력 피해자인 주인공은 가해
자들을 향한 복수를 실행에 옮기며 이렇게 말합니다.

"눈에는 눈으로, 이에는 이로. 글쎄, 그건 너무 페어플레이
같은데요."

이 섬뜩한 복수극은 공개되자마자 전 세계적으로 폭발적 흥
행을 기록했습니다. 타인에게 당한 원한을 고스란히 되갚아 주
고 싶은 마음은 동서고금을 막론한 인간의 보편적 본능이자 욕
망이기 때문일 것입니다. 친한 친구의 사기, 애인의 외도, 상사나
동료들의 무시, 부모의 차별 대우처럼 평소에 아무런 의심 없이
믿음을 주었던 사람들에게 돌연 깊은 상처를 받았을 때, 혹은

누군가가 나의 소중한 사람에게 아픔을 줬을 때 사람들은 은밀한 복수를 꿈꿉니다.

그 사람이 나처럼 고통받는 모습을 상상하는 것만으로도 내 안의 상처가 치유될 것만 같습니다. 제대로 혼쭐을 내주는 것만이 정의를 구현하는 방법이라고 생각합니다. 그렇게 복수를 하고 나면 내 마음이 최소한 지금보다는 편안해질 것이라고 기대하지만, 사실 복수는 우리의 생각과는 조금 다르게 작용합니다. 지금부터 복수의 진짜 기능을 밝혀드립니다.

달콤한 복수는 없다

'복수를 하면 정말 기분이 좋아질까요?' 이 질문에 대한 흥미로운 연구 결과가 있습니다. 콜게이트대학교 심리학 교수였던 케빈 칼스미스Carlsmith, Kevin M.와 동료들은 대학생으로 구성된 팀을 만들어 '투자 게임 실험'을 진행했습니다. 실험의 전제는 '동등하게 투자한다면 모두가 같은 이익을 얻게 된다'였습니다.

그런데 칼스미스는 여기에 한 가지 트릭을 섞어 둡니다. 실험에 '비밀 투자자' 한 명을 투입한 겁니다. 비밀 투자자의 역할은 합의된 계획을 고의적으로 위반하여 다른 팀원들보다 더 큰 이득을 챙기는 것이었습니다. 이로 인해 다른 팀원들은 손해를 봤고, 비밀 투자자에게 분한 감정을 느끼게 되었지요. 그러자 칼스미스는 다음 게임에서 일부 팀원들에게만 이전의 비밀 투자자를 재정적으로 처벌할 수 있는 기회를 제공했습니다. 일부 학생들에게 복수의 기회를 제공했던 것이지요.

과연 복수한 학생들은 조금 더 후련한 마음으로 게임을 마무리할 수 있었을까요? 그런데 게임 종료 후 의외의 결과가 관찰됩니다. 게임을 마친 실험참가자들에게 기분을 묻자, 비밀 투자자에게 복수를 한 학생들이 복수 기회조차 없던 팀원들보다 오히려 기분이 더 나쁘다고 답했던 것입니다. 왜 이런 결과가 관찰된 것일까요?

비밀 투자자를 응징할 기회가 주어지지 않았던 실험 참가자들은 그에게 복수할 방법이 없기 때문에, 비밀 투자자를 향한 억울한 감정을 그저 흘려넘겨 버렸습니다. 하지만 비밀 투자자를 응징할 기회가 주어졌던 실험 참가자들은 복수하는 행위에 집중하게 되었고, 그 결과 비밀 투자자의 행위를 곱씹으며 계속된 분노에 휩싸여 불편한 기분이 더 커졌던 것입니다.

즉, 나를 화나게 한 사건은 이미 종료되어 결과를 바꿀 수 없는데도 복수가 우리를 지속적인 '반추'의 늪에 빠뜨려 버립니다. 그리고 반추가 마음속 화를 더 돋워, 시간이 지날수록 후회, 수치심, 불안과 같은 감정에 스스로 갇히게 만들지요. 드라마나 영화에서 보여주는 주인공의 복수는 짜릿하고, 통쾌하고, 신이 나기까지 하지만, 현실에서 복수의 맛은 이처럼 씁쓸함만을 남깁니다. 그렇다면 복수를 하지 않는 것만이 정답인 걸까요? 내

너를 미워할 시간에 나를 사랑하기로 했다

안에 쌓인 화는 어떻게 해소해야 하는 것일까요?

내 안의 분노를 기록하라

'왜 나는 항상 이렇게 당해야만 해?' '내가 도대체 뭘 잘못한 거지?' '어떻게 네가 나한테 이럴 수 있어?' 이 질문들에 대해 스스로 납득할 수 있는 답을 찾지 못하면, 타인과 세상을 탓하게 됩니다. 미국의 철학자 마사 너스바움Martha C. Nussbaum은 그녀의 저서 《타인에 대한 연민The Monarchy of Fear》에서 사람들은 세상이 불공평하다고 느낄 때 나를 그렇게 만든 대상, 책임 소재를 찾아내 어떤 방식으로든 복수하고자 한다고 이야기합니다. 즉, 원망과 억울함에는 사실 분노가 숨어 있는 것이지요. 드러내지 못한 내면의 화가 통제되지 않는 분노의 불길로 발화해 복수를 촉발하게 되는 것입니다.

따라서 우리는 화를 현명하게 다룰 줄 알아야 합니다. 가장 쉬운 방법은 바로 '글로 쓰는 것'입니다. 캘리포니아대학교의 심리학 교수 마이클 맥컬러프Michael McCullough는 상처를 받은 사건에 관해 글로 표현하고, 사건을 통해 경험하게 된 긍정적인 변화에 초점을 맞춰 생각하는 것만으로도 분노를 줄이고, 복수할 가능성이 적어진다는 것을 연구를 통해 입증했습니다.

크고 작은 상처들로 내 마음에 억울함과 분노가 쌓일 때는 나를 힘들게 하는 그 일을 종이에 직접 적어 보세요. 내가 느끼는 감정들뿐만 아니라 이 사건을 통해 내가 깨닫게 된 것은 무엇인지, 이 감정을 가장 현명하게 극복하는 방법은 무엇인지, 그렇게 극복했을 때 나는 무엇을 얻을 수 있을지도 생각나는 대로 기록합니다. 우리는 글을 쓰는 행위를 통해 머리와 마음속에 담아 둔 것을 밖으로 꺼내어 후련함을 느낄 수 있고, 최악의 상황 속에서도 부정적인 생각과 잠시 단절할 수 있습니다. 그 결과 나에게 도움이 되는 긍정적인 해결책에 생각을 집중함으로써 바닥으로 가라앉은 에너지를 끌어올릴 수 있게 됩니다.

복수의 함정에 빠지지 마라

한때 저에게도 반드시 혼내주고 싶은 사람이 있었습니다. 복수에 대한 생각이 머릿속을 꽉 채울수록 해로운 감정들은 저의 일상을 지배하기 시작했었지요. 몸은 늘 뻣뻣하게 긴장해 있고, 불면증 탓에 종일 예민해 조금이라도 무례한 행동을 하는 사람들에게 이전보다 날 선 반응을 보이기도 했습니다. 낯선 사람들에게는 늘 경계 태세로 곁을 내주지도 않았고요. 그러던 어느 날 저의 서늘한 태도에 또 다른 누군가가 저에게 실망하고 상처를 받았다는 것을 알게 되었습니다.

이것을 계기로 내가 나의 소중한 에너지와 시간을 복수라는 강박에 사로잡혀 낭비하고 있다는 사실을 깨달았습니다. 내가 그 사람에게 상처를 받은 것은 사실이지만, 그 이후 나의 행동은 내 의지로 선택할 수 있는 것이었습니다. 하지만 이 모든 것이 그 사람 때문에 어쩔 수 없이 생긴 일이라고 생각하며 스스로를 분노와 복수라는 그물에 얽매고 있었던 것이었죠.

상대에게 억울하게 빼앗긴 것만 같은 나의 자율성이나 권한은 이미 끝난 사건의 연장선에서 되찾아야 하는 것이 아닙니다. 나의 내면으로부터 발견하고 확장해 가야 합니다. 분노로 인해 내가 무엇을 놓치고 있었는지, 또 상대가 나에게 보였던 위험 신호에는 무엇이 있었는지 되새겨 보며 나의 복수 욕구를 자극하는 트리거가 무엇인지 터득하고 관리할 수 있어야 합니다. 그럼에도 복수를 하지 못해서 아쉬운 마음이 들 때는 '나의 복수는 하늘이 대신해 줄 것이다' 생각하며, 하늘에 맡기세요. '인과응보'라는 말을 우리는 살면서 자주 실감하잖아요. 남에게 신경쓰지 말고, 나는 내 삶에만 집중하는 것이 현명합니다.

"잘 살아라, 그게 최고의 복수다." 탈무드의 한 구절입니다. 성악가 조수미 씨는 한 인터뷰에서 자신의 성공 원동력을 첫사랑과의 이별이라고 답했습니다. 유학을 떠난 그녀에게는 장거리 연애 중인 애인이 있었는데, 그가 그녀에게 갑자기 이별을 통보한 후 자신의 친구와 연애를 시작하자 깊은 상실감과 원망, 분노를 느꼈다고 합니다. 그래서 얼른 성공해 한국으로 돌아가서 복수하고 싶어서, 5년이 걸리는 과정을 2년 만에 끝낼 정도로 독하게 성악을 공부해 지금의 세계적 프리마돈나로 성장할 수 있었다고 합니다. 인터뷰 말미에 조수미 씨는 치열한 유학 생활을 견디고, 감정을 담아 노래할 수 있었던 것은 그 사람 덕분이라며, 오히려 고맙다는 말을 전했습니다.

이처럼 나에게 상처를 준 그 사람보다 더 잘살기 위해 내 삶의 목표에 집중하다 보면 더 이상 '그 인간 때문에'라는 원망의 말을 하지 않게 될 것입니다. '그 사람 때문에'를 '나에게 기회를 준 그 사람 덕분에'로 바꾸는 그날까지, 당신의 전투력은 오롯이 당신을 위해 쓰세요.

나에게 가장 친절한
사람이 되어야 한다

"어릴 때는 자기혐오가 있는 편이었어요. 그래서 아무리 성과가 좋아도 그것과 상관없이 스스로가 사랑스럽지 않게 느껴졌어요."

가수이자 배우 아이유 씨는 한 인터뷰에서 20대 초반에 겪었던 자기 자신을 미워했던 마음, 즉 자기혐오를 담담히 고백했습니다. '자기혐오'란 자신의 능력이 부족하다고 생각하거나 능력을 못마땅하게 여겨 스스로에게 한심함을 느끼고, 지속적으로 분노하는 마음을 뜻하는 말입니다.

우리는 이 감정을 그저 개인적인 문제로 치부하곤 하지만, 사실 자기혐오는 자신과의 싸움 그 이상의 문제입니다. 자신을 미워하는 사람은 일상 속 많은 관계에서도 어려움을 느끼고, 심지어 타인도 불편하게 만듭니다. 사람들과 친밀하게 지내고 싶은 욕구는 있지만, 자신의 한계와 부족함이 드러나면 모두 내게 실망할 것이라는 두려움에 압도당해 관계 맺기와 관계 유지를 소홀히 하기 때문입니다.

스스로를 '무능력한 사람'으로 평가하는 직장인은 소극적인 자세로 일하기 십상이고, 동료들을 파트너가 아닌 경쟁자로 상정해 자신과 계속 비교하고 경계합니다. 친구 사이의 우정을 쌓거나 유지하는 것 또한 쉽지 않습니다. 상처받는 것이 두려워 새로운 사람들과 만나는 기회를 일부러 차단하기 때문입니다. 또한 자신을 향한 부정적인 생각에만 에너지를 쓰다 보면 필연적으로 타인을 향한 공감과 친절이 부족해져 타인에게 호감을 얻기도 어려워집니다. 연애할 때는 사랑받지 못할까 봐 지나치게 상대에게 집착하거나, 이별에 대한 두려움으로부터 스스로를 보호하기 위해 모순적으로 일부러 모질게 굴기도 합니다. 이처럼 내가 나를 존중하지 못하면 타인과의 관계도 위태롭기만 합니다.

내 안의 독설가를 잠재워라

나를 미워하는 사람들은 마음속에 '독설가'를 품고 있습니다. 이 독설가는 유독 타인이 아닌 자신을 향한 비판과 비난을 쏟아내는데요. 작은 실수에도 '난 이제 끝이야. 망했다'처럼 삶 전체가 실패한 것처럼 극단적인 생각을 합니다. 반면 승진과 같은 좋은 일이 생겼을 때는 '어쩌다 운이 좋았어'라고 노력을 폄하합니다. 전화를 받지 않는 애인을 두고 '이제 내가 싫어졌나 봐'라며 성급하게 일반화하기도 합니다. 이처럼 내 안의 독설가가 나를 자꾸만 괴롭힌다면, 이제는 적극적으로 반박해야 합니다.

회사에서 불편한 동료가 있을 때, 내 안의 독설가는 '역시 나는 항상 사람들과 잘 못 지내. 사람들은 나를 다 싫어해'라고 말합니다. 자, 반격해볼까요? '이 생각이 100% 진실인가?'라는 질문을 자신에게 던지고 답을 생각해보세요. '나는 이 대리와는 불편하지만, 다른 상사와 후배들과는 관계가 좋아'라고 답할 수 있을 것입니다.

이에 대해 독설가가 '다른 사람들과 관계가 좋다는 것은 너만의 착각이야!'라고 지적한다면, 다시 반박 증거를 제시해보세요. '지난 면담에서 팀장님께서 박 사원이 나를 함께 일하고 싶은 선배로 추천했다고 했어'처럼 내면의 독설가의 말이 틀렸다는 것을 보여주는 사례가 분명히 있습니다. 이런 반박을 거듭하다 보면, 내 안의 독설가는 결국 힘을 잃고 잠잠해질 거예요.

나부터 나를 용서하라

자기혐오는 한 사람의 과거와 깊게 영향을 주고받습니다. 자기혐오가 익숙한 사람의 마음속에는 어릴 적 실수에 대한 수치심, 누군가에게 상처를 줬던 죄책감, 잘못된 선택에 대한 실망, 비겁했던 순간에 대한 후회 등이 뒤섞여 있어, 스스로에게 늘 화가 나 있습니다. 있는 그대로의 나를 포용하기 위해서는 왜 그렇게 자기 자신에게 화가 났는지부터 이해하고, 나를 용서해야 합니다.

마주하기 어렵겠지만, 내 안에서 나를 괴롭히는 사건들을 쭉 적어 보기 바랍니다. 다 적은 후엔 그 사건에서 무엇이 잘못되었는지 되짚어 보세요. 어떤 사건들은 단지 철이 없고 어려서 일어난 실수일 수도 있고, 또 어떤 일들은 서툴러서, 그리고 어떤 일은 알면서도 잘못한 행동의 결과일 수도 있습니다. 사건을 되짚은 후에는 과거를 자책하는 대신 '지금 내가 그때로 돌아간다면 어떻게 다르게 행동할 수 있을까?'를 생각해보세요. 중요한 것은 과거에 머무르는 것이 아닌, 더 나은 내일로 나아가는 것이니까요. 적절한 해결책을 찾으면 같은 실수를 줄일 수 있고, 더 성숙한 내가 될 수 있을 거예요.

과거의 실수를 마주하다 보면 분명 죄책감에 괴로워집니다. 하지만 이 죄책감은 잘못된 것이 아닙니다. 죄책감을 느낀다면 잘못을 반성하고, 앞으로 같은 행동을 반복하지 않겠다는 교훈을 얻으면 됩니다. 그러니 '난 정말 바보 같아', '난 늘 이런 식이야'와 같은 한탄의 말 대신 '나는 그 경험을 통해 많이 배웠다!'

라는 말로 변화할 스스로를 격려해주세요.

나를 용서하는 마지막 방법은 지금이라도 그 잘못을 개선할 방법이 있다면 시도해보는 것입니다. 내가 상처 줬던 사람에게 진심 어린 사과를 전하거나, 앞으로 똑같은 행동을 반복하지 않겠다는 다짐으로 자신의 잘못에 대한 책임감을 가질 때, 우리는 과거의 나를 포용할 용기를 낼 수 있습니다.

타인의 칭찬을 온전히 받아들여라

스스로를 못마땅하게 여기는 사람은 다른 사람에게 칭찬을 들으면 마음이 불편하고, 머리도 복잡해집니다. '나를 놀리는 건가?', '뭔가 다른 의도가 있을 거야', '일부러 비꼬는 건가?' 등 칭찬에 숨겨진 상대의 동기나 의도를 찾게 되지요.

캐나다 워털루대학교의 데이비드 킬David R. Kille의 연구에 따르면 낮은 자존감을 가진 사람은 칭찬을 받아들이는 데 어려움을 겪을 가능성이 높다고 합니다. 칭찬에서 전달되는 긍정적인 정보와 평소 내가 나를 바라보는 방식 사이의 간극이 커 괴리를 느끼기 때문이지요. 그래서 자기혐오가 높은 사람들은 칭찬을 무시하거나 최소화하기 위해 큰 에너지를 씁니다. 하지만, 타인의 칭찬을 기꺼이 받아들이는 것은 있는 그대로의 나를 인정하고, 존중하는 일의 시작입니다. 칭찬을 받아들이는 게 어려운 사람을 위한 3단계 '칭찬 대응법'을 소개합니다.

1단계는 누군가가 나를 칭찬할 때 무조건 "고맙습니다", "감사합니다"라고 답하는 것입니다. "별거 아니야", "운이었어", "이게 뭐라고"와 같은 자기 비판적인 태도나 칭찬을 무시하려는 충동을 억제해야 합니다. 2단계는 상대가 칭찬하면 나도 다른 누군가를 함께 칭찬하는 것입니다. 예를 들어 상사가 "김 대리 오늘 발표 좋았어!"라고 말했다면, "고맙습니다. 팀원들이 다 도와준 덕분이에요"라고 하는 것이지요. 마지막 3단계는 나를 칭찬한 상대를 함께 치켜세우는 것입니다. "감사합니다. 잘하고 싶었는데 알아봐 주셔서 더 힘이 나요!"처럼요. 이러한 3단계 과정을 거치면 더 기분 좋게 칭찬을 받아들일 수 있을 거예요.

도움을 요청할 줄 아는 사람이 더 강하다

자기혐오에 익숙한 사람들은 다른 사람에게 자신의 가치를 인정받기 위해 부단히 애씁니다. 그래서 주변 사람들의 부탁이나 요청을 들어주기 위해 기꺼이 자신의 시간이나 에너지를 희생하는 데 익숙하지요. 하지만 정작 자신에게 타인의 관심과 도움이 필요할 때는 고립을 택합니다. 도움을 요청하는 것이 나의 나약함 또는 한계를 보이는 것이라고 오해하기 때문입니다.

도움을 주는 것만큼 도움을 받는 것도 중요합니다. 힘이 들때 주변 사람에게 도움받은 경험을 통해 '나에게는 나를 아껴주는 사람이 있다'는 든든함이 우리의 내면에 자리 잡기 때문입니다. 이렇게 마음의 여유가 생기면 자신을 소중히 여길 힘도 생깁니다. 그러니 도움을 요청하는 것을 더 이상 망설이지 마세요. 고민이 있다면 "같이 상의하고 싶은 게 있는데 주말에 통화할 수 있을까?"와 같은 말로 정중하게 상대에게 부탁해보세요. 만약 그가 나를 진정으로 아낀다면 기꺼이 나와 고민을 나누기 위해 시간을 내줄 테니까요. 만약 나의 요청을 일방적으로 무시하거나 비웃는 사람이 있다면 그와는 거리를 두면 그만이고요.

"이제는 나에게 더 실망할 것도, 놀랄 것도, 새로울 것도 없다. 부족한 것은 부족한 대로, 좋은 것은 좋은 대로 받아들이게 됐다."

자기혐오를 극복한 아이유의 말처럼 모든 관계는 결국 '나'와 잘 지내는 것부터가 시작입니다.

너를 미워할 시간에 나를 사랑하기로 했다

초판 1쇄 발행 2024년 11월 11일
초판 6쇄 발행 2025년 04월 29일

지은이 윤서진
펴낸이 이부연
총괄디렉터 백운호
책임편집 윤다희
표지디자인 데시그

펴낸곳 (주)스몰빅미디어
출판등록 제300-2015-157호(2015년 10월 19일)
주소 서울시 서대문구 충정로 35-17, 501호 (인촌빌딩)
전화번호 02-722-2260
인쇄·제본 갑우문화사
용지 신광지류유통

ISBN 979-11-91731-71-2 (03190)

혼자가 편하다는 가짜 기분에 속지 마라!
잠시 관계의 신호가 어긋났을 뿐이다!

30년 경력 심리학자가 알려주는 인간관계의 기술!

【 혹시 이런 적 있지 않나요? 】

☐ 가족에 대한 불만이 있어도 쉽게 말하지 못했다면,
☐ 연인과의 관계에서 나 혼자만 노력하는 것 같다면,
☐ 친구와 관계가 틀어진 뒤 오랜 시간 힘들어했다면,
☐ 상대가 공감해주지 않을까봐 말을 잘 못 꺼낸다면,
☐ 대화가 끝난 뒤 괜한 말을 한 것 같아 후회한다면,

당신에겐 이 책이 꼭 필요합니다!

관계에 지친 나를 보듬어주는 치유의 심리학
혼자가 편한 게 아니라 상처받기 싫은 거였다

하정희 지음

버티려 애쓰지 말고, 유연하게 흔들려라!

심리학자들이 존경하는 심리학자의 인생 조언!

★★★★★

김경일·김주환·문요한·채정호 등
대한민국 대표 정신 건강 전문가 강력 추천!

단순히 심리학자로서가 아니라 한 인간으로서,
이 책의 존재가 가지는 의미에 고개를 끄덕이게 된다.
- 김경일 인지심리학자 《타인의 마음》 저자 -

인생의 무게를 반으로 줄이는 마음 수업

흔들릴 줄 알아야 부러지지 않는다

김정호 지음

문제가 나를 붙들고 있는 게 아니라,
내가 문제를 놓아주지 않는 것이다!

홀가분한 인생을 만드는 30가지 법칙!

★ 이 책을 꼭 읽어야 하는 사람들 ★

- 몇 년 전의 실수가 가끔 떠올라 얼굴이 화끈거린다
- 무례한 질문에 받아치지 못하고 집에 와서 후회한다
- 남한테 부탁하기가 부담스러워서 혼자 다 떠맡는다
- 오랫동안 연락 없던 친구가 내심 불편하지만 참는다
- 무기력 때문에 미루고 미루다 발등에 불이 떨어진다

나답게 살기 위한 30가지 삶의 태도
스쳐지나갈 것들로 인생을 채우지 마라

고은미 지음